「10年後の自分」を
支える83の戦略

知的
生活の
設計

堀 正岳　Lifehacking.jp 研究者・ブロガー

KADOKAWA

JN231977

あなたの「知的生活」を設計しよう

みなさんは1年後、3年後、5年後……あるいは10年後に、どのような人生を送っているでしょうか?

どのような知識や体験を積み、なにを頼りにして生きているかも気になると思いますし、もっと漠然と、後悔のない充実した生き方ができているかどうかが気になる、という人もいるでしょう。

将来を見通せる人はどこにもいません。ですからビジネス書やハウツー本では、将来への不安や不確実さを、即効性のあるテクニックで打ち消すことを謳うものが数多く存在します。

ある本は仕事はプレゼン力や段取りで決まると断言し、別の本は人生が決断力やクリエイティビティで決まると説き、それぞれにそれなりの説得力があります。しかしそうした瞬発力のテクニックではなく、未来を望む方向に設計するためのヒントはなかなか存在しません。

千里の道も一歩からという格言でいうなら、最初の一歩についての本はありふれているのに、数百里先を目指すためにどうすればいいのかという視点が欠けていることが多いのです。

不確実な世界でいかに未来を、人生を設計すればいいのか。その鍵となるのが「知的生活」を「設計」するという考え方です。

ライフハックから知的生活へ

前著『ライフハック大全』で、私は「人生をラクにする250の習慣」をテーマとして、すぐに実践することが可能で、回数を繰り返すことでやがて大きな変化が生まれるテクニックを紹介しました。

『ライフハック大全』が「5分で人生を変える」ことについてまとめた本であるのに対して、本書はより長期的に「**10年後を目指して今できること**」を中心にまとめています。

その一つ目の鍵が「**知的生活**」です。

知的生活とは、SECTION01で説明する通り、私たちの情報との向き合い方です。それは本を読むことでも、映画を観ることでも、趣味を追究することでもかまいません。そこに新しい情報の積み上げがあるならば、それは「知的生活」なのです。

1冊の本や情報との出会いを楽しみながら、それが積み上がることで生まれる"方向性"について意識的であることによって、私たちはふだんの生活を単なる「情報の消費の繰り返し」ではない、「成長する旅路」に変えることができます。

もう一つの鍵は「**設計**」という考え方です。

週に1冊新しい本を読む生活と、2冊読む生活は、短期的にみるとそれほど大きな違いはなさそうに見えます。しかしそれが3年、5年と続けば、大きな変化が生まれます。

将来の目標に向かってどれだけのペースで情報を集め、本棚や書斎はどれだけのスペースを確保すればいいのか。そうした日々の知的生活を維持するための日常の設計という視点が重要になるのです。

本書では、長い目でみた人生の豊かさを生み出す知的生活のために、どのような環境づくりをすればいいのかについて、知的生活のテーマ選び、パーソナルスペースとしての書斎づくり、情報収集や発信のテクニック、そして知的な生活を維持するファイナンスの話題にまで立ち入って解説しています。

ライフハックで"初速"を与えた人生に、"中長期的な軌道"を与えるのが、本書で目指す「知的生活」の「設計」なのです。

10年後へのマニフェスト

私たちは日に日により不透明になってゆく、頼りになる地図のない世界を生きています。今日を生きるのに必死で、10年後のことに考えをめぐらせる余裕がないという人も多いでしょう。

しかしそうしたとき、最終的にあてになるのは外から与えられる見せ

かけの答えではなく、私たちの内側から生まれる好奇心や情熱です。知的生活を設計するのは、そうした好奇心や情熱によって今を楽しみながら、将来に向かって知を貯金するという考え方です。

　本書は、「自分自身の興味や発見を積み上げることでやがて未来がひらけるだろう」という確信に向けたマニフェストでもあるのです。

　本書のテクニックや考え方を通して、みなさん一人ひとりの興味や情熱が、やがて豊かな知的生活へと結実することを祈っています。

CONTENTS

SECTION
05
習慣とツールによる
知的生活ハック

SECTION
06
知的投資と収入のための
「知的ファイナンス」

SECTION 07 10年後の人生を設計する

ブックデザイン　小口翔平＋山之口正和＋喜來詩織（tobufune）　／　イラスト　瀬川尚志
図版　斎藤充（クロロス）　／　DTP　ニッタプリントサービス

知的生活とは
なにか

知的生活とは、
新しい情報との触れ合いと刺激を楽しみ、
新しい情報を生みだす生き方です。
そんな生き方を設計してみましょう。

知的生活とはなにか

　この本は、あなたの人生を大きく変えることを目標に書かれています。しかしそれは、「仕事の能率を10倍変える生産性の秘密」だとか、「考え方を変えたら人生が変わった！」などといった、即効性をうたった小手先の方法についてではありません。

　むしろこの本は、あなたがいつも興味をもって惹きつけられていることや、気づいたらどうしても開かずにはいられない本や、チェックせずにはいられない趣味といったあなたのパッション＝情熱を、どのようにしたら未来につなげていけるかについて紹介します。

　日々の趣味を一過性の楽しみで終わらせるのではなく、将来にわたってあなた自身を支えるライフワークに成長させること。生活のなかで知識や経験を磨くことで、仕事においても応用できる発想力や洞察を蓄えること。そうして積み重ねた自分自身の個性を武器に、人生を長期的に切り開いてゆくこと。それが本書の目指す目標です。

　そのヒントになるのが、あなたの日常を「**知的生活**」と捉えるという視点です。

　知的生活というと、なんだかアカデミックで高尚な考えを振り回すことを要求される、スノッブなものに聞こえるかもしれません。おそらくこの「知的」という言葉が、馴染みのない人にはよくない作用をもっていて、まるでそれを実践していない人は「知的ではない」と決めつけているかのような、そんな印象を与えるのでしょう。

　しかし実際には、現代の情報社会でおよそ「知的生活」的なものにまったく触れずに生きている人はほとんどいません。あなたは本や漫画を読まれるでしょうか？　アニメを楽しんだり、音楽や映画を楽しんだりするでしょうか？　趣味のために時折財布に痛い出費をしたり、遠くまで旅をしたりするでしょうか？

　そのすべてが「知的生活」の芽を含んでいるといっていいのです。

「知的生活」とは情報との向き合い方

　「知的生活」という言葉を日本に広めた書籍として、渡部昇一の『知的生活の方法』（講談社）があります。19世紀の美術批評家 P. G. ハマトンの『知的生活』（講談社）に大きなインスピレーションを受けたこの本は、「本を読んだり物を書いたりする時間が生活の中に大きな比重を占める人たち」に向けて個人的なライブラリーの構築と、情報整理の方法を紹介して、ベストセラーとなりました。

　同様に、研究や知的活動を仕事としている人に向けて書かれた梅棹忠夫の『知的生産の技術』（岩波書店）は、知的生産を「人間の知的活動が、なにかあたらしい情報の生産にむけられているような場合」と定義し、そうした活動を助けるノートの取り方、情報カードの使い方、情報の規格化と整理法といった話題を紹介して、現在に至るまで多くの読者の支持を集めています。

　渡部氏は英語学を専攻とする立場で、梅棹氏はフィールドワークを基本とする民族学・比較文明論の立場で、それぞれ自身が経験してきた知的な生き方についてまとめているといっていいでしょう。

　しかし注目したいのは、二人は、自分が学者だからこうした知的生活や知的生産に意味があるとは言っていない点です。

　むしろ一線の研究者として膨大な情報に触れ、それを自身のなか

で整理して新しい研究を生み出すために必要だった工夫や、手元の道具について、つまりは「知的な生活のありかた」について紹介しているのです。それならば、その対象となるのは必ずしも学問的なものでなくても、自分を知的に刺激する情報ならなんでもよいことになります。

　知的というのは「頭がいい」ということではありませんし、勉強ができる、学問的であるといったことが必須というわけでもありません。

　周囲にあふれている情報との向き合い方が知的であるということなのです。

現 代 の 知 的 生 活

　ひるがえって、私たちのいまの生活をみてみましょう。渡部氏は1976年の書籍の冒頭ですでに「現代という情報洪水」という言葉を使っていますが、それはいまの情報社会の爆発的に発展した状況に比べれば"せせらぎ"といっていいほどです。

　かつてに比べて書籍やCD・DVDなどといった情報メディアの点数は何倍にも増えていますし、メディアの多様性もスマートフォンなどのデバイスがコモディティ化したことを背景に比較にならないほどに発達しています。そしてなによりもインターネットの存在が、私たちが日常的に触れなければいけない情報量を膨大なものにしています。

　量だけでなく、情報は質的にも変化しました。ツイッターのようなリアルタイムで切れ目のない情報や、SNSなどのコミュニケーションツールを通して、友情や恋愛といった人間関係さえオンラインで表現できるようになっていることは、情報との向き合い方が一部の人だけでなく、すべての人の問題に変わったことを意味しています。

　いまや「本を読むことが中心の人」だけでなく、動画を見る人の知的生活、ネットをウォッチする人の知的生活、絵を描いたりプラモデルを作ったりする人の知的生活といったように、あらゆる情報との触れあいのなかに知的生活が生まれているといっていいのです。

　そこで私は、ここで梅棹氏の知的生産の定義を引きつつ、知的生

活を次のように言い換えたいと思います。

すなわち、知的生活とは、新しい情報との出会いと刺激が単なる消費にとどまらず、新しい知的生産につながっている場合だと考えるのです。

そこには日常をより深く楽しむヒントがあります。知的刺激を仕事に役立てるための指針があります。ありきたりの情報に触れてありきたりの結論しか出せない状態に甘んじるのではなく、自分だけが感じた体験を世界に発信する興奮があります。

どこにでもある情報との触れあいを、あなた自身のオリジナルな体験としてスケールアップさせるもの。それが知的生活なのです。

■コラム：知的生産本の古典

フィリップ・ギルバート・ハマトン『知的生活』
ハマトンは詩人、画家を志し、その後、美術雑誌の編集や批評に携わった19世紀の作家です。『知的生活』は学生や、学者や、紳士や夫人といった様々な立場の人への手紙という形式をとって、知的な生活の心がけや、時間の使い方などに関する具体的なアドバイスを提供する、この分野の草分け的な著作といっていいでしょう。日本では明治の頃から教科書などで紹介されることが多く、内容的に多少古い時代の記述があるにもかかわらず、いまも愛読者の多い古典です。

Antonin-Gilbert Sertillanges, O.P., "The Intellectual Life: Its Spirit, Conditions, Methods"（アントナン・ジルベール・セルティヤンジュ「知的生活」未翻訳）
ドミニコ会修道士のセルティヤンジュは、トマス・アクィナスの倫理学を専門とした哲学者です。若い神学の学生に向けたこの本は敬虔な内省についてと、ライフワークの構築、記憶術、記録の取り方といった具体的な考察が記述されており、1920年のフランスでの発刊以来、ロングセラーとなっています。

あなたの毎日を変える
「知的積み上げ」の法則

　本を読むことだけではなく、漫画を読むことや、映画を観ることも、ネットウォッチも「知的生活」になるならば、そうしたコンテンツを好きなように気ままに消費していればよいのかというと、そういうわけでもありません。

　梅棹氏はなんらかの新しい情報が生まれることが知的生産には必須であるとして、それ以外の活動は、たとえば将棋を指すことや楽器を演奏すること、そして楽しみのために本を読むのも、「知的消費」であると明確に区別をしています。それが良くないことだという意味ではなく、情報を生み出す活動とそうでない活動があることを意識するために、こうした言葉を使ったのです。

　「新しい情報が生まれる」というのは、どういう状況のことでしょうか？

　たとえば本を読めば感想が生まれます。心を動かす本を読めば、自分でも書いてみたくなるかもしれません。あなたが情報に触れた結果、以前は存在しなかった新しい言葉や表現が生まれることも、広い意味でみた場合には「新しい情報」といえます。

　しかしもう一種類の「新しい情報」があります。知的な「積み上げ」を続けることで、それまで見えていなかったつながりを見出してゆくという楽しみです。

「王は死んだ！　王様万歳！」

　まだ私が大学の学生だった頃、とある有名サッカー選手の引退とその後について書かれた記事の中に「国王は死んだ。国王万歳！」というフレーズが副題に入っているものがありました。

　たびたび見ることがあったこの奇妙な英語の定型句について興味をもった私は、それが中世フランスでの王権の移行に際して慣例的に

叫ばれる言葉だということや、内戦を避けるために王が埋葬されるやいなや次の国王の長寿を祈ることで王権の連続性を保つ意味があるなどといった歴史について学び、その場はそれで満足しました。

　面白いのはその後です。この言葉の奇妙さは私をどこかでいつも惹きつけていたらしく、その後中世における王権の扱いについて論じたカントーロヴィチの『王の二つの身体』（筑摩書房）を読みふけったり、この表現を使った記事を収集したりといったことを、気づけば15年ほぼ断続的に続けています。

　たとえば2009年の第51回グラミー賞の最優秀楽曲賞に輝いたコールドプレイの「Viva la Vida」の歌詞にもこの語句は登場しましたし、人気の車がモデルチェンジしたり、新しい人気のプログラミング言語が登場したりする際に使われることもあります。

　最近だと、映画『スター・ウォーズ／最後のジェダイ』のなかで「国王」の部分をもじった形でこの言葉が登場しているのを耳にしたときは、私は劇場の暗闇のなかでニヤリとして、こっそりと手のひらにそれをメモしたのでした。

　私はなにも学者のようにこの言葉を研究するつもりで集めはじめたわけではありません。響きが面白く、なんとなく心に訴えかけるものがあったので、耳にするたびにメモし、背景を少しだけ調べたうえで忘れる、そんなことを繰り返していたにすぎません。

しかし時間とともにこうした引っ掛かりが積み上げられてゆくうちに、どのようなシーンでこの言葉が使われるか、どんな背景をもった人がどんな印象を残すために使うのかといったことが、隠れたメッセージをもっているかのようにつながりをもって見えるようになってきました。

　いまでは過去15年にわたる様々な用法やその変遷が私の手元に蓄積してありますので、いつか私はこの表現について一冊の本とまではいかずとも、エッセイの一つか小論くらいならば書けるのではないかと考えています。

　このように「気になって仕方がない言葉やフレーズ」「違和感を覚えさせるなにかとの出会い」を記録し、積み上げることで、やがてそうした情報との一期一会はネットワークのようにつながりはじめます。

　一回の読書や一回の体験をそのままで終わらせない、こうした「知的積み上げ」こそが、日常を「知的消費」で終わらせないための鍵となるわけです。

ハイコンテクストな時代を楽しむ

　私たちの周囲に情報が膨大にあるということは、まだ発見されていないつながりや、指摘されたことがない解釈が無数にあるということでもあります。

　たとえば最近だと人気漫画家が有名なテレビのワンシーンや、映画ポスター、あるいは名画の構図をさりげなくパロディ化して作品に組み込み、それに気づいたファンが話題にするといったこともありました。説明されなくても作品を楽しむことはできますが、それを知れば私たちはさらに深く作品のなかに入っていけるような仕掛けが意図的にも、意図しない形でもあふれているのがいまの時代です。

　作品とその受容をコミュニケーションとして捉えるなら、これは文化人類学者のエドワード.Ｔ.ホールが「ハイコンテクスト文化」と呼んだ状態に近いということがわかります。

　「ハイコンテクスト」であるとは、事実の認識や前提としている価値観といったものが、情報を発信する人と、それを受け取る人のあいだで

高いレベルで共有されているために、「みなまで言わずともなにがしか
の情報が伝わる」、そんな状態のことを指しています。わかりやすい
言葉で表現するなら「ネタがネタであるとわかっている状態」といって
もいいでしょう。

しかし世界はわかりやすい「ネタ」だけでできあがっているわけで
はありません。ある場所で隠されているものは、別の場所で明かされ
ていて、それを見つけるためには長年の経験から得た知的積み上げ
を鍵にしなければいけないことがよくあるのです。

 ## 二度出会ったらメモをする、三度出会ったら記録しはじめる

そこで、そうした鍵を集めはじめるために今日から実践できる習慣と
して「二度出会ったらメモをする。三度出会ったものは記録しはじめ
る」をおすすめします。

たとえば「王は死んだ！　王様万歳！」の例で言うならば、一度目
にその表現を目にして気になって辞書で引いたくらいでは、まだそれ
が自分にとって特別な情報だということには気づかないでしょう。「初
めて出会う情報」はいくらでもあるからです。

しかし二度目に出会って、一度目と同じような違和感をもったり興味
を掻き立てられたならば、その情報や違和感との出会いをメモしはじ
めましょう。やがてそれが三度目になれば、それはもう立派な知的積
み上げの始まりです。

二度目と三度目の出会いはすぐであることもあれば、何年も間隔が
開いていることもあります。しかし、私たちの好奇心の記憶は信頼が
おけます。

何年経っていても「あ、これはあのときの」と興味を掻き立てられた
ならば、そこには知的積み上げのチャンスがあるのです。

知的生活は
なんの役に立つのか？

　ここまでの説明を読んで「そんなつながりが見えたからといって、マニアやオタクが喜ぶだけでは？」「知的生活には、どんなメリットがあるの？」という疑問が浮かんだかもしれません。

　なるほど知的生活は人生を豊かにするのには役立ちそうに見えるものの、それに注目したからといってビジネスマンとしての能力アップに役立つのか、学生にとって就職に役立つのか、収入が増えたり、名誉につながったりといった、目に見えるメリットがあるのかは気になるところかもしれません。

　あるいはこうしたことを書くと逆に「メリットを考えるなど、とんでもない」「知的生活はそれ自体として尊いものであって、なにかに役立つと考えるのは良くないことだ」という反論をいただく可能性もあるでしょう。

　これについては互いに絡まった二つの答えがあるように思われます。

 ## 知的生活にはメリットがある

　昨今、ビジネス書には「教養」をテーマとしたものが数多くあります。網羅的に教養を身につけるための書籍もあれば、西洋美術に絞ったもの、哲学に絞ったものなど様々です。

　そうした書籍がすぐに深い教養や実社会の利益につながるかは断定できませんが、知識を身につけ、思考力を養い、自分の中で情報を咀嚼（そしゃく）して他人に伝えることができる能力にはもちろん高い価値があります。まずは学び、そして深めてゆくためのきっかけを生み出すためにも、こうした本には意味はあるといえます。

　また、欧米の実業家やビジネスリーダーには忙しいなかでも膨大な本を読んでいる人が数多くいます。その傾向があまりに強いために「読

書量と年収は比例する」などとまことしやかに主張する人もいるほどです。そうした意味では、知的生活にはわかりやすいメリットがあるようにみえます。

しかしここには落とし穴があります。情報や知識それ自体は多ければ多いほど良いものと思われがちですが、情報それ自体はすでに検索可能なコモディティ（同質的、普遍的なもの）と化しているため、情報量そのものよりも、むしろ、適切な場面で適切な情報を引き出すことができる「情報の編集能力」にこそ価値がある——という点です。ここに、知的生活による積み上げを実践する意味、そしてメリットがあるといえます。

情報の編集能力とは、日常的な場面ならば、その場に合わせた話題を思いつくということであったり、与えられた仕事のなかでクリエイティビティを発揮するための発想力であったりします。そして究極的には、**あなたにしかできない情報のまとめ方がある**ということを意味しています。

マイクロソフト創業者でビル＆メリンダ・ゲイツ財団会長のビル・ゲイツ氏は毎年夏の読書リストを公開することで知られていますが、2018年にはハンス・ロスリング氏の統計的な世界の見方についての書籍『Factfulness』や、ウォルター・アイザックソンの『レオナルド・ダ・ヴィンチ』といった教養書を挙げるとともに、ジョージ・ソーンダーズの『リンカーンとさまよえる霊魂たち』を挙げるといったように、情報の深みと感情の深みを兼ね備えた選書を行っています。

似たような夏の選書は元アメリカ大統領のバラク・オバマ氏も行っており、彼はタラ・ウェストオーバーの『Educated』や、V.S.ナイポールの『ビスワス氏の家』を選んでいます。

面白いのは、両者の選書はベストセラーや話題書に触れつつも、どこかに二人の個性がにじみ出ているところです。ビル・ゲイツ氏の選書にはテクノロジーに関連するものと彼の慈善事業に関連したものがみられますし、バラク・オバマ氏の選書にはアメリカの運命を予感させる本や、人種や文化の多様性について考えさせる本が必ず選ばれています。選書自体が、彼らの個性になっているのです。

「他人と同じものを読んでいれば他人と同じ考え方しかできなくなる」と村上春樹が『ノルウェイの森』で書いたように、私たちの知的生活においても、触れる情報を私たちの個性によって編集して、他人と違うものを追うほうが、より利用しやすく、大きなメリットがあるといえます。

そして知的生活の積み上げを行うことは、そうした個性につながる近道でもあります。そういう意味で、知的生活にはメリットがあるのです。

知的生活にはわかりやすいメリットはない

しかしこの近道は、遠回りでもあります。知的な積み上げの多くは本や、音楽や、動画といった情報との偶然の出会いから生まれますし、私の「王は死んだ！」の慣用句の探求がそうであったように、自己満足の部分も多く存在します。

この本を読めば、この情報を集めれば、こうしたことを実践すればメリットがあると断言できるようなものは、およそありきたりなものが多いですし、それこそ継続して実践するのが楽しくない「作業」の性格が強くなります。これでは、楽しい知的生活にはつながりません。

ですので、私がおすすめしたいのは、初めからわかりやすいメリットや教養を追い求めて知的生活の積み上げを始めるよりも、むしろ知らずにはいられない趣味や雑学、興味を引くテーマといったものに集中することで、長い目でみて着実に価値を生み出してゆくことです。

これは近道どころか、確実に遠回りです。しかし遠回りでないような知識や経験はたいてい誰かがすでに思いついていますし、そうしたものはあなたの個性として輝きません。逆に遠回りをして、あなたのなかにしか存在しない長い時間の積み上げのなかにこそ、複製不可能な価値が生まれます。

知的生活にわかりやすいメリットはなく、だからこそ良いともいえます。**遠回りが最も近道になる生き方ともいえる**のです。

そこで本書で追究する「知的積み上げ」は長期間にわたって楽しいからこそ、気になって仕方がないからこそ続けられるものに限定して

解説を行います。

　そうした積み上げが、結果的に注目や、収入といった形でメリットをもたらすこともあります。オリジナリティのある地道な積み上げはほかの人が放っておかないからです。しかしすべての積み上げに、こうしたわかりやすいメリットがあるとは限りません。

人生を一つの物語に

　60年にわたって書いた日記を公開したことで有名な著作家アナイス・ニンはこのような言葉を残しています。「すべての人に共通した森羅万象の意味なんてない。私たちは自分たちの人生に個別の意味を、個別のあらすじを与えるのだ。一人に一つの小説、一つの本であるかのように」

　本書でこれから「知的生活の積み上げ」という言葉が登場するたびに、それは誰かが褒めてくれるから学ぶものでも、わかりやすい収益があるから追究するものでもなく、あなたがあなた自身であり、ほかの誰でもないことを思い出させる情報との触れあいだということを意識してみてください。

　すぐにはそこには到達できないかもしれません。しかし長い目でみて、それを探す以上の近道はないのです。

まだ見ぬ誰かへの 贈り物としての 「情報発信」

　ここまで、「知的生活とは長い目で "知的な積み上げ" を楽しむこと」という話をしてきましたが、知的生活のもう一つの側面として、見出したつながりや、新しく生まれた情報を誰かに伝える「情報発信」があります。

　『知的生産の技術』や『知的生活の方法』が書かれた当時は、まだ誰もがアクセスすることができるインターネットが存在していなかったため、「情報発信」については、主に学者や作家が論文や著作を発表することを念頭においた解説がされていました。

　ところがいまは、誰もがパソコンやスマートフォンでいつでも、どこからでも発信を行うことができる時代です。ツイッターで意見を表明したり、議論を交わしたり、動画サイトで日常の様子を公開するなどといったことが、誰でも可能になったのです。

　問題は、そうした情報発信が「知的積み上げを背景にした情報発信」であるかです。内容が知的であるかどうかではありません。積み上げの結果生まれた新しい情報を、世界にフィードバックさせているかどうかが重要になるのです。

初めての「バズる」体験がもたらしたひらめき

　私がウェブにおける情報発信の本質について気づかされた体験があります。

　まだブログというものが誕生して間もない頃、私はその仕組みに興味がわいて、大学の片隅で自分が管理していたパソコンにウェブサーバーと、Movable Typeというブログエンジンをインストールして運用していたことがありました。

　ブログを立ち上げたはよいものの、なにを書いたものかと思った私

は、当時アメリカで話題になっていた仕事術Getting Things Done（GTD）について日本には詳細な情報がないことに気づき、それについて自分なりに調べた内容を記事にしました。

　当時はすでに、ホームページを開設してウェブに文章を書くということは一般的になっていましたので、私も誰がページにアクセスしたのかは自前のアクセスカウンタを作って調べる程度には気になっていました。

　ある日、ふだんはせいぜい1日に10回程度のアクセスしかなかった私のブログに、急に1万回ものアクセスがやってくるという出来事がありました。アクセスされているのは、例のGTDの記事です。

　どうして急にこんなことが起こったのかを調べたところ、とある有名なブログが私の記事を発見してリンクし、その読者が大挙して読みに来ているということがわかりました。

　記事がSNSで発見されて「バズる」というのはいまではありふれた光景ですが、当時の私はこの初めての体験に大きく揺さぶられました。そして一瞬で、その後のすべてを決定づけるひらめきがいくつも見えてきたのです。

情報発信は贈り物である

　最初のひらめきは、**どんな情報がバズるのか、あらかじめ知ることは困難**だという点です。

　あらかじめわかっているならば誰もがそれについて発信するわけですから、書き手はその記事に人気が出るかどうかの確信もないまま、先に情報をウェブ上に置くことが必要なのです。

　また、ウェブにおけるコンテンツの多くは無料で、読者を得る機会という意味では公平性があります。だからこそギブ＆テイクを考えすぎて出し惜しみをしていては、他の出し惜しみをしない人に機会を奪われてしまいます。情報発信は誰に求められずともギブから始めることだということが理解できたわけです。

　もう一つのひらめきは、**情報は誰かに発見されることによって価値が生まれる**という点でした。サーバー上に寂しく存在するデータのまま

ではそれは存在しないも同然で、誰かがそれを発見し、他の誰かにシェアすることによって情報の価値は後付けで決まってゆくという力学が、実感として感じられたのです。

これがもし学会誌や、由緒ある雑誌に掲載されたということならば、その名声の一部分を引き受けることも可能ですが、ウェブにおいてはたとえ有名サイトに掲載された記事でも、その記事単体がシェアされ、それ自体として評価されることが多くなります。逆に、たった一つの記事から世界が変わった事例も、数多く存在するわけです。

まだツイッターもiPhoneも誕生する前に、この地平が見えてしまったことは私のその後の生き方を大きく変えてしまいました。

情報発信の「民主化」を乗りこなす

これらのひらめきをまとめると**「知らない誰かへの贈り物のように情報発信をすること」**という指針がみえてきます。

そのへんに転がっているありきたりなものを贈られても、それを押し付けられた側は気まずい雰囲気になるだけです。

むしろ、あなたの個人的な「知的な積み上げ」が生み出した新しい情報を、あなただけに見えている世界を、親しい人への手紙がそうであるように、求められる前に先に発信することによって情報発信は贈り物になります。

これは実際的な利点のある戦略でもあります。ジャーナリストのクレイ・シャーキーは『みんな集まれ！　ネットワークが世界を動かす』（筑摩書房）のなかで、従来の「作家」や「ジャーナリスト」といった肩書きが、出版できる人や取材対象へのアクセスが許された人々が少数であるという前提の上に成り立っているかりそめのものであることを指摘しています。

出版の仕組みがブログやソーシャルメディアといった形で普遍化し、取材方法が多様化すれば、誰にでも作家やジャーナリスト的な役割を演ずることが可能になり、その情報の価値は内容によって評価されることになるわけです。このように情報の発信に対する参入障壁が下

がっている状態を、**情報や出版の「民主化」**（democratization）などと言ったりします。

　この状況は大学の研究室に在籍しているわけでも、著名な出版社から本や作品を発表しているわけではない、私たち一個人に大きなチャンスを与えてくれます。自分の発見や考えを発信することを通して、たった一人の知的生活の成果を世に問うことが可能になっているのです。

　しかしまずは、贈り物のように、見返りを期待することなくギブするところから始めなければいけません。

　贈り物を受け取った側はどのような反応をするでしょうか？ どのようにしてそれは受け止められるでしょうか？ それは前もってはわかりません。

　しかしそれが運良く誰かのもとに新たな刺激として伝わるなら、知的な積み上げは、贈り物のような発信を通して一つの閉じた円環のようになり、どこかの誰かの、次の積み上げに役立っていきます。

　また、その発信に対する応答が結果的に想像もしなかった場所から返ってきてあなたを驚かせることもあるでしょう。

　これほど痛快なことも、なかなかないとは思いませんか。

知的生活を「設計」するためのフレームワーク

ここまでの内容をまとめると、知的生活とは情報から受ける刺激を長い期間にわたって積み上げ、それを発信してゆくという生き方のことを指す、ということです。

しかしこうした明確なゴールラインのない生き方をそれだけのために何年にもわたって実践するには、確固たる信念やマニアックな情熱が必要です。それは並大抵のことではありません。

また、どのようにしたら知的生活を維持できるのかという問題もあります。ありきたりではない情報のインプットのために、どれだけの本や映画や様々な作品に目を通せばいいのでしょうか？　どれだけの時間を毎日費やし、どれだけの資金を確保しておく必要があるのでしょう？

たとえば3年後、5年後、あるいは10年後に満足な知的生活の成果を上げるために、今日できることはなにか？　という視点が必要になります。

そこで本書は、こうした知的生活を「設計」するという視点で、私たちの時間の使い方、書斎の構築の仕方、情報収集と情報発信の仕方、そしてお金の使い方についても見ていきたいと思います。

知的生活を設計するための5つのポイント

具体的に知的生活を設計するために必要なピースを考えていきましょう。これは「生活のどの側面を設計すれば、より満足な知的生活につながるのか」を考えるフレームワークといってもいいでしょう。

①自分の「積み上げ」を設計する

1日たった15分の活動でも10年で考えれば約920時間の蓄積になりますし、週に1度しかできないことであっても10年で考えれば520

回の実践になっています。

　なんとなく行っていた趣味や好きな活動を、単なる一過性の知的消費ではなく、3年、5年、10年といったスケールで蓄積するためのチャンスと捉えることで、今日の楽しさが未来につながる可能性について考えてみましょう。

②パーソナルスペースを設計する

　知的生活の積み上げを行うためのプラットフォームとして重要なのが、書斎のようなパーソナルスペースです。多くの知的生活は膨大な書籍や、音楽や映画といったコンテンツから受ける刺激に支えられますが、それを安心して受け取り、蓄積することができる個人的なスペースとしての「書斎」を維持することが重要です。

　しかしこれは、必ずしも大作家のような巨大な部屋や書斎が必要だということではありません。

　安心して知的生活を営める現実のスペースと、実際の本棚であれ、クラウド上のデータストレージであれ、情報のアーカイブを許容する場所があれば事足りる場合もあります。

　自分の生活と資金に合わせて、こうした**パーソナルスペースを長い目でみて設計し、成長させてゆくという視点**が必要です。

③発信の場所を設計する

　あなたの知的生活から生まれた新しい情報を、どこに、どのような形で発信するのかを設計する必要があります。

　気づいたアイデアや情報のつながりをメモし、ブログなどに投稿しておくだけで十分な場合もありますが、もっと意識的に得られた知見を広めるために自分でメディアを運営する道だってあるでしょう。

　発信をする人のもとには、さらに良質な情報が集まる傾向があります。蓄積と発信、インプットとアウトプットのバランスを考えることは、より豊かな知的生活を楽しむ鍵になります。

④知的ファイナンスを設計する

　必要となるすべての書籍やすべての作品を買うことができれば幸せですが、そういうわけにもいかないことが大半です。知的な積み上げは即座にメリットがあったり、収入につながったりするとは限りませんので、長い目でみたファイナンスについても意識しておくことが必要です。ある程度の情報のインプットを蓄積してきたならば、それを独自の視点で発信することで活動の助けとなるような収入を得る道もあります。

　収入を得るための知的生活ではなく、自分の知的生活が自らを助けるような、長い目でみて維持しやすい経済的な視点もどこかにもっておくとよいでしょう。

⑤小さなライフワークを作る

　ライフワークは一つである必要はありません。私が「国王は死んだ！」の使用例を集めているように、心の琴線に触れた情報を、感じた違和感を、長い目で集めつづける小さなライフワークをたくさんもちましょう。

　そうしたライフワークのすべてが大きな結果を生み出すとは限りませんが、たとえ一つでも10年の積み上げが実を結ぶことがあるなら、それが結果的にあなたの人生の大きなライフワークとして残るかもしれません。

期待しながら生きること

　本書では「長い目で」あるいは「結果的に」という言葉がここまでも、そしてこれ以降も数多く使われます。

　それは著者として、知的生活がすぐになにかのメリットをもたらすものでもなければ、なんらかのリターンを保証するものでもないことを正直に伝えたいと思っているからです。

　しかしそれは、どんな仕事術や、いわゆる自己啓発的な書籍でも同様にいえることです。むしろここでいう「知的生活の設計」は、いま楽しいことを積み上げ、未来により大きな楽しみが待っていることを期待して継続する生き方という意味で、実に手堅い時間の投資の仕方だともいえます。

　さあ、未来に期待しながら今日をより楽しむために、あなた自身の「知的生活の設計」を目指してみてください。

人生を変える「知的積み上げ」の習慣

知的生活を支えるのは、
あなたの興味や好奇心の積み上げです。
長い目でみて価値を生みだす
毎日の習慣について見てみましょう。

毎日の積み上げを設計してみよう

マルコム・グラッドウェル氏の著作『天才！　成功する人々の法則』（講談社）には「10000時間の法則」と呼ばれる、大きな賛否を呼び起こした考え方が紹介されています。

たとえばプロレベルのバイオリン奏者になるのであれ、スポーツ選手や、芸術家や、学問のプロになるのであれ、必要なのは天賦の才能ではなく、「累計で約10000時間の練習や特訓を積み上げることができる」本人の努力であり環境だという統計的な考え方です。

この10000時間という数字や、その内容については後述するとおり議論があるものの、大切なのは**「量が質に転化する」決定的な境目がある**ということです。

読書や執筆に限らず、絵を描いたり動画を作成したりといった創作的な活動でもかまいませんが、情報との触れあいを積み上げることによって、それが質的にありきたりなものから特別なものに転換するのです。

知的な「捕らぬ狸の皮算用」

ここで、捕らぬ狸の皮算用をしてみましょう。もしみなさんが平均的な大学生と同程度の読書を毎日しているなら、それは平均時間で約25分、ページ数にして（本にもよりますが）ざっくりと40ページほどと見積もることが可能です（読書時間の値は全国大学生活協同組合連合会、「第52回学生生活実態調査の概要報告」より）。

この数字を、1年で換算すると14600ページ。書籍のページ数を平均300ページと仮定すると、48冊に相当します。読書家からみればそれほど多い数字とはいえないかもしれませんが、読書時間が0分の人の割合が半数に迫っている昨今、それなりに読んでいるほうだといえ

るでしょう。

　もし、この平均の読書量を1.5倍の60ページにできたならどうでしょうか？　年間の数字は累計で21900ページ、冊数にして73冊に達することになります。もしこれを10年間持続することが可能ならば、最終的に1日40ページ読む人と、1日に60ページ読む人の差は146000ページに対する219000ページ、冊数にして486冊に対する730冊と、244冊の差が生まれます。

　ここで言いたいのは、読書が1日40ページでは足りないので60ページに、いや100ページにしようということではありません。むしろ、1日に40ページを読んでいる生活で到達できる場所と、60ページで到達できる場所には明確な違いがあることを、数字として意識してほしいのです。

　もし一つのジャンルについてまとまった知識を得たいと考えていて、そのジャンルに存在する代表作を200冊程度だと見積もった場合、1日に何ページ読んでいれば3年以内にそれを網羅することができるかという発想です。

　同様の計算は、絵を描く枚数や、観る映画の本数、作る作品の点数から、スキルを習得するのに許されている時間など、どんな活動の積み上げにも応用することができます。

　毎日の生活の小さな活動量の違いは、3年後、5年後、そして10

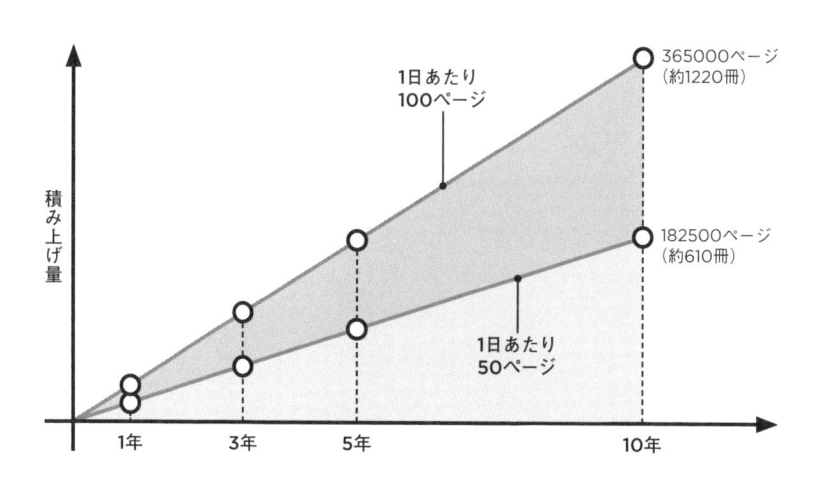

年後に大きな違いとしてやってきます。こうした発想を使って、1日1日の楽しみが向かう未来を設計することが可能になるのです。

日常の活動を「設計」する

プロの写真家が初心者にアドバイスをする際、ほぼ間違いなく出てくる言葉が「とにかくシャッターを切ること」という助言です。しかしこれを数字として意識する人はどれだけいるでしょうか。

たとえばみなさんが写真の腕を磨きたいと考えていて、プロの写真家のように何十万枚も撮影することは無理でも、せめて1年に10000枚の写真を撮影したいと考えた場合の活動量は、1日あたり27.4枚になります。用事があっても、風邪をひいて寝込んでいても、この数字以下ならば目標は達成できません。また「日常のスナップだけではなく、テーマ性のある写真を何割撮影したい」といった目安をここに導入してもいいでしょう。

こうした数字を意識することで、**未来に先回りした思考方法**が可能になります。「週末に必ず数百枚撮影する散歩に出なければいけない」「次の撮影場所を1週間前までには考えなければネタに困ってしまう」といった形で、目標を達成するための行動計画を決める視点に立つことができるようになります。

つまり、**未来にどこまで到達したいかを意識して今日の活動量を決めることが「知的生活を設計する」**ということなのです。

このように書くと、「読書は冊数をこなすものではない」「写真は撮影した回数ではない」という反論が当然出てくると思います。それはもちろんそのとおりで、こうした設計は1冊の本の魅力や感動、1枚の写真や絵の美しさとは別物です。

むしろこうした設計の考え方は、どれだけの本を読めばあるジャンルに対して一定の理解が得られるのか、どれだけ写真を撮影すれば自分自身の作風を生み出せるのかといったように、長い目でみた活動の行き先を意識した考え方といえます。

知的生活を設計することは、やがて到達したい未来を意識しなが

ら、今日を楽しむための考え方といっていいでしょう。

■コラム：「数字」「量」を意識する

毎日の読書や、隔週に観る映画といった楽しみを、1年、3年、5年、10年かけて積み上げる「長い目でみて成長する趣味」だと考えるとき、毎日、毎週にどれだけの活動をしている場合、どれだけの量に転換されるのかを意識してみましょう。

もちろんこの数字は大きければ大きいほど良いという意味ではなく、少数の本をずっと吟味したい、膨大な本を渉猟したいといった好みによって変わります。

読書ページ	1年	3年	5年	10年
50ページ	18250p（61冊）	54750p（183冊）	91250p（305冊）	182500p（610冊）
100ページ	36500p（122冊）	109500p（365冊）	182500p（610冊）	365000p（1220冊）
150ページ	54750p（183冊）	164250p（549冊）	273750p（915冊）	547500p（1830冊）

※本は1冊平均300ページとして換算

週のアルバム数	1年	3年	5年	10年
1枚	52枚	156枚	260枚	520枚
2枚	104枚	312枚	520枚	1040枚
5枚	260枚	780枚	1300枚	2600枚

週の映画の本数	1年	3年	5年	10年
0.5本	26本	78本	130本	260本
1本	52本	156本	260本	520本
3本	156本	468本	780本	1560本

なぜ積み上げの
「量」を気にするか？

1日の読書時間、1日の制作時間といったように、積み上げのためにかける時間の量を気にする理由は、長い目でみた到達点を意識するということ以外に、もう一つあります。あてにならない偶然を、長い時間をかけて待たなければいけないからです。

もし本を楽しむことだけが目的なら、時間が空くたびに読書をするという考え方でもいいでしょう。しかしここで考えているのは、知的な刺激から受ける「新しい発見」や「つながり」を見つけることです。その場合、情報のインプットは定常的に行い、読んだ本と読んだ本のあいだにつながりを見つける確率を高める必要があるのです。

マニアックな知識になればなるほど、新しいつながりは稀になり、長いあいだの情報のインプットが必要になります。SECTION01で例に出した「王様は死んだ！」の例も、断続的に15年続けているとはいえ、これはと思うような新しい使用例に出会うのは1年に1度ほどです。

新しいインスピレーションに出会うためにも、様々な情報の検討を繰り返し、可能な組み合わせを追求し尽くさなければいけません。それには天才的なひらめきを待つよりも、情報のインプットとアウトプットを継続したほうが結果的に近道になります。

定番パターンを繰り返す

ランダムな出会いを待つのでは遅すぎるならば、対象としているジャンルを絞ったり、調べる情報を限定したりすることもできます。あるジャンルの本を読みはじめると、同じような感覚を求めて類似の作家や作品を読みたいという気持ちが起こることがありますが、それに正直に従うわけです。

もう一つ実践できるものとして、定番のパターンに従って新しい情報に触れてゆくという方法があります。

　ずいぶん前に、古代インドの神話的叙事詩「マハーバーラタ」の邦訳を通読していたときに「夏が来た、雨がふり、風がすずしく、動物たちが喜ぶ」という一節を読んで、おやっと思ったことがありました。夏なのに涼しいとはどういうことだろうと不思議に思ったわけです。

　私は本業の専門が気候学ですので、すぐにこれはアジアモンスーンのことを指しているのだと思い、実際にデータをみるとインドが最も暑いのは5月までで、その後は強い西風によって雨がもたらされることがわかりました。

　一度こうしたことをしてみると、これが小説を読む際のパターンになります。登場する都市や年代、季節がわかったならば、それがどのような気温や天気を想定しているのかを念のために調べてみるというわけです。

　こうした読み方をしている人は、なかなかいないはずですので、私だけの知的積み上げの定番パターンとして繰り返すことで、多くの興味深い発見をすることができました（未発表ですが！）。

　気ままな活動から一定の知的積み上げを受け取るために、毎日のインプット量と、気になるパターンを意識しておくのは、無為無策で情報の海を漂うよりも、宝の地図を手にしているような感覚があり楽しいものです。

　地図があてになるか否かは、あらかじめわかりません。しかし、期待しつつ目的に向かって舵を切ることは可能になるのです。

知的積み上げの実際例⑴ 引用文を集める

　読書も、映画鑑賞も、趣味の作品を作り続けることも、どれも知的な積み上げになりえます。

　しかしそれが、梅棹氏が『知的生産の技術』で指摘したような「知的消費」なのか、それとも長い目でみた知的生活につながる活動なのか、その分かれ目はどこにあるのか、わかりにくいかもしれません。そこで知的積み上げの代表的な例をヒントとして紹介していきたいと思います。

引用文で本をコレクションにする

　最初の例は読書です。読書の際にノートをつけ、読書体験や印象を書き残している人は多いと思いますが、私の場合、読んだ内容それ自体よりも、あとで利用するための引用を記録することを重視しています。

　ビジネス書も、海外文学も、そして難しい専門書も、1冊の本が10〜20ほどの引用文に還元されてゆくわけです。

　最初こそ、意味のある、最も重要な部分を引用として選ぼうと意識していましたが、しだいにそうした部分はほとんど自明であることがわかってきました。たとえばKindleで洋書を開いた場合、他の多数の読者がハイライトした部分が下線で表示されますが、その本の重要な主張や、多くの人が感動している箇所は概ね共通していますし、「読んでいればわかる」ことがよくあります。

　そこで、そうした要点ばかりではなく、自分が勝手に選んだ基準で引用を収集してゆくということをいつしか始めました。「著者が未来の予測をしている箇所」「作品に登場する密室」といった恣意的な基準で、いわばコレクションをしはじめたのです。

こうした収集をしばらく続けると、面白い熟成が始まります。ちょっと意地の悪いコレクションですが、私は10年前のビジネス書で著者が未来を予測している引用を集めてコレクションにしており、それが現在実現しているかを調べたリストを作ったことがあります。

本の内容をその後の歴史のなかに置いて比較することで、10年前の予測から学ぶことができるわけです。

似たように、海外の小説などを読むときに、推理小説でもないのに「密室」や「監獄」として機能している場所が出てくるものをコレクションするという小さな趣味を私はもっています。『薔薇の名前』の文書館も、『魔の山』のサナトリウムも、『百年の孤独』での血筋の扱いも、私の目にはそれに該当します。

他の人は同意しないかもしれませんが、むしろそれでいいのです。「私にはこうみえる」が蓄積された結果、トンネルを掘り抜いたようにどこかにつながる可能性だってあるのですから。

「千夜千冊」で知られる編集者の松岡正剛氏は、その旺盛な読書術について対談形式で紹介した『多読術』（筑摩書房）でまさに引用をマッピングし、興味のある構造にリンクしてゆく編集的読書法を解説しています。

氏が本と本をマッピングしてゆくキーワードの自在さはまさに達人のそれですが、楽しみのために小説や漫画を読みふける人が一歩進んだ楽しみ方をするために、自分だけに見えるパターンをコレクションしてゆくのも、知的積み上げの一つの姿といえるのです。

偽引用文を収集する

私にはもう一つ、実際の本の引用文を集めることのアンチパターンのような楽しみとして「偽引用文」を収集するという趣味があります。

たとえば「狂気とは、同じことを繰り返し行い、違う結果を期待すること」というアインシュタインに帰せられている名言がありますが、実際にはこれはアインシュタインの言葉でも、その次によく帰せられるベンジャミン・フランクリンの言葉でもないことがわかっています。

あるいはヴォルテールの有名な「私はあなたの意見には反対だが、あなたがそれを主張する権利は命をかけて守る」という名言も、本人が言っていないことがわかっています。そうした言葉と、それが使われている例を集めるのです。

偽引用文が私の心をつかんで離さないのは、その間違いが可笑しいからではなく、その名言を引用している人がその偉人や有名人に託している気持ちが透けて見えるからです。アインシュタインには頭の良さそうな言葉を、ガンジーには落ち着いた箴言（しんげん）を、チャーチルには大胆なリーダーの言葉を期待し、期待のあまりに間違った言葉が帰せられることでかえって意図しない真実がみえてくるところに、偽引用文を集める楽しさがあります。

引用文で本にパターンを見出すのも、偽引用文を見つけるのも、本を1冊読むだけではみえてこない情報であることに注意してください。地道に読んだ内容を記録し、出会った引用文を分類しているうちにみえてくる、いわば化石を発掘してその正体を探し当てるような地道で時間のかかる作業です。

しかしその報酬は、ただ本を読むだけでは得られない、これまで読んできた本のすべてを動員して組み上げることができる自分だけの知的な情報です。知的消費が知的積み上げに変わる、とてもわかりやすい例だと言えるでしょう。

■コラム：ＤａｙＯｎｅで実践してみる編集的読書法

このようなパターンを見出して、積み上げてゆくような読書法をスマートフォンのアプリ、ＤａｙＯｎｅ で実践する方法をご紹介します。

ＤａｙＯｎｅはiＯＳとＡｎｄｒｏｉｄで利用可能なジャーナルアプリで、その日にあった出来事を短いメモとして追記してゆくことが可能です。本ならばその日に読んだ箇所の引用を、あるいは読んだページの写真をカメラで撮影して次々に加えていけます。

これだけならばふつうの読書ノートですが、これらのメモに対してハッシュタグを加えることによって、引用と引用のつながりを表現してゆくことができます。たとえば「タイムリープもの」だったり、「主人公が『わたし』の小説」といったようなタグで、なんとなく気になるパターンを捉えていってもいいでしょう。

しばらくこうしたパターンの蓄積を続けていると、やがてこのハッシュタグから関連した本のタイトルや引用句がすぐに一覧できるようになります。たとえば先程の「密室」のハッシュタグを選ぶだけで、関連した本が一覧表示され、これまでみえていなかったつながりやパターンが意識しやすくなります。

最初は、このようなパターンは「自分にしかみえていないのだろう」と思える、遊びのようなものがほとんどです。しかし地道に本と本のあいだの共通点や、パターンを記録しているうちに、読書の経験がネットワークになってきます。一冊の知的消費がそこでは終わらずに、あなたの知的積み上げとして成長してゆくのです。

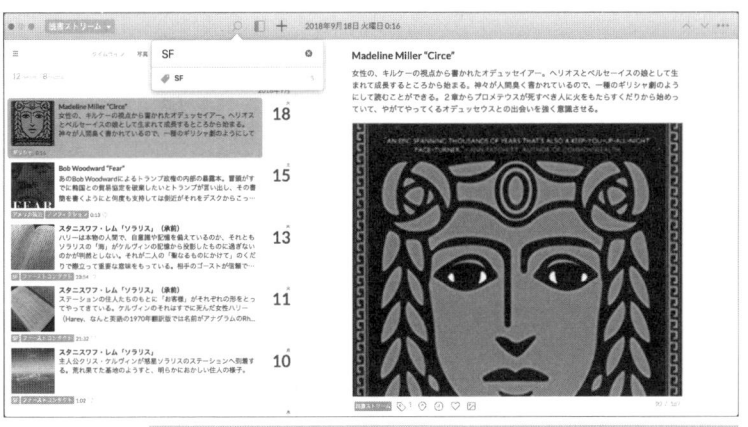

DayOneで日々の読書をタグで管理する。タグは自由な発想でつけてよい

知的積み上げの実際例(2)
ジャンルを
串刺しにしてみる

　音楽や映画といったコンテンツも、時間とともに積み上げを行うのに最適なメディアです。

　舞台やコンサートは現場に足を運ばなければいけない分だけ、それを人並み以上に積み上げることができるのは一部の人に限られますが、動画や音楽についてはストリーミングサービスが発達してきたおかげで、これまでになく幅の広いコンテンツを網羅的に楽しむことが可能になっています。

　かつては映画館やレンタルビデオ店に足しげく通わなければいけなかったことを考えると、オンデマンドでジャンル内の経験を広げつつ、これはという作品は現場に行くといった組み合わせによって、マニアへの扉が開きやすくなっているといってもいいでしょう。

　こうしてコンテンツをいつでも手元に引き寄せることができるということは、たとえば内容を引用したいときにすぐに確認できるということでもあります。「あの場面で、あのセリフはどうなっていただろうか?」といった、かつては手間のかかった調べものが、飛躍的にラクに実現可能になっているのです。

Spotifyを利用したジャンル串刺し法

　ストリーミングサービスの特徴を利用すれば、もう一歩進んだ視聴の仕方も可能になります。

　たとえばクラシックの交響曲の演奏について「稀にみる熱演」「立体的で意志の強い音」といったような言葉で評論家が評価をくだしているのを見たことがあると思います。専門家である指揮者や音楽評論家は、それだけ膨大な視聴の経験に基づいてこうした批評を行っており、私たちはそれを信頼して音楽を受け取ってきました。

しかしSpotifyなどの音楽ストリーミングサービスを利用すれば、似たような視聴の仕方を居ながらにして再現することが可能です。

　たとえば、Spotifyでベートーヴェンの交響曲第5番で検索すると、様々な時代の、様々な指揮者の、あらゆる交響楽団の、あらゆる版のアルバムが何百とヒットします。同じ交響曲でも指揮者や時代の違いによって異なる味わいを、専門家同様に確認しつつ聞き分けてゆく楽しみ方が生まれます。第5番を比較するだけでもおそらく数年はかかるでしょうし、特定の指揮者だけ、特定の交響楽団だけといった組み合わせを楽しむといった、およそ無限の切り口があるといえます。

　こうしたことが可能なのも、SpotifyやNetflix、Amazon プライム・ビデオといったサービスに定額で視聴することができる膨大なコンテンツが集積しており、それが簡単に検索可能だからです。コンテンツ検索で自分なりの方法で串刺しにすることで、新しい境地を簡単に開くことができるわけです。

キュレーションの愉しみ

　コンテンツが一箇所に膨大に存在するということは、多くの人にとっては、どのようにして正解を探せばいいのかという「Decision

Spotifyでベートーヴェンの交響曲第5番を検索した画面。限りない選択肢がある

Fatigue＝決断疲れ」が発生します。選択肢が多すぎて、かえって選ぶことができなくなるという逆説的な状況です。

　すると、こうした情報の海のなかから、ある基準に従っておすすめを選出する目利きの必要性も高まってきます。美術館や博物館におけるキュレーターと同じように、日常の膨大な情報を選別し、鑑定する役割です。

　Spotifyにはユーザーが自分で作成したプレイリストを世界中に発行する機能がありますが、こうした機能を通して自分のキュレーションを生み出してゆくことも、立派な知的活動と言っていいでしょう。

　たとえば書籍には「名曲鑑賞事典」といったものが数多くありますが、そこに掲載されているアルバムをすべて取り寄せて聞くことができる人は稀です。そこで私はSpotify上で、その書籍に紹介されているアルバムをすべて登録したプレイリストを作るという、自分のためでもあり、他の同好の人のためにもなる遊びを楽しむことがあります。

　繰り返しになりますが、これは音楽や映画をこうしたマニアックな見方をしなければいけないという話ではありません。一つひとつの作品を気ままに楽しむことが基本です。

　しかし今日見た作品を明日見る作品とつなげてゆき、今日聴いた音楽をいずれ聴くことになる膨大な可能性のなかでつなぎとめたいと考えるときに、既存のサービスが提供してくれる網羅性と検索性は大きな武器になってくれるのです。

■ コラム：Spotifyのマイリストで自分のジャンルを開拓する

それではSpotifyで「クラシック」や「ジャズ」といったジャンルに縛られない、自分のためにキュレーションされたプレイリストを作り、そこから新しい音楽と出会う方法について紹介しましょう。

すでによく知っているアーティストから始めてもよいですし、Spotifyが用意しているプレイリストを起点として、気になった曲を「プレイリストに追加」機能を使い、手動で追加し

ていってもいいでしょう。

魔法が始まるのはここからです。Spotifyはたとえ一曲から
であっても、Radio機能によって世界中の人々がその曲と一
緒に聞いている楽曲を機械学習で自動的に推薦することがで
きます。たった数曲を登録しただけでのプレイリストからも、
関連した音楽をどんどんと開拓できるのです。

この機能を応用すれば、単に好みの音楽を集めるだけでは
なく、「集中したいときに聞く音楽」「雨の日に似合う音楽」と
いった恣意的な選び方であなた自身のジャンルをキュレー
ションすることができます。

あるいはすでに紹介したように、ベートーヴェンの第5番第1
楽章だけが入っているプレイリスト、Adamという名前のつ
いたアーティストの音楽といった、奇妙なものでも発見がある
かもしれません。

Spotifyのようなサービスを使うときに好みの音楽の浅瀬に
とどまっているのはもったいないことです。自分が好きだと知
らなかった、まだ出会っていなかったディープな世界にどれ
だけもぐっていけるか。それが単なる音楽鑑賞という消費にと
どまらない、音楽の知的積み上げにつながります。

数曲のお気に入りをプレイリストにするだけで、何百という曲との出会いを作り出せる

知的積み上げの実際例(3)
作品を毎日作りだす

　写真共有サービスFlickrに登録している写真家のあいだで話題となり、長年続いてきた作品作りの手法に、Project 365があります。

　これは毎日必ず写真を撮影して、そのうちの1枚をProject 365というタグとともにオンラインでシェアし続けることを365日連続で行うというものです。ルールは簡単ですが、マンネリを避けつつ、写真家としての幅を広げながら毎日1枚を考えるとなると、事前に題材を考えながら計画を立てて継続することが求められますので、1年継続できる人は意外に多くありません。

　それでもProject 365が写真や、絵や、様々な作品作りの場で実践されているのには理由があります。傑作を作るまでは発表できないというハードルを下げて、作品を毎日繰り返し作るという、「量」で勝負することに大きなメリットがあるからです。

量は必ず質をともなう

　デイヴィッド・ベイルズとテッド・オーランドの共著による『アーティストのためのハンドブック』（フィルムアート社）のなかにはこんなエピソードがあります。

　とある陶芸の教室で、生徒を二つのグループに分けて次のような実験を行いました。片方のグループには、期末に最もよくできた作品を一点提出してそれで成績をつけると宣言し、もう片方のグループには作成した作品の量で成績をつけると宣言したのです。

　期末になり、成績をつける段階になると奇妙な現象が起きました。量を提出せよと言われたグループのほうが、もう片方のグループよりも全体的にレベルの高い作品に仕上がったのです。

　これは、質の高い作品について考えすぎたり、思い描いたりするよ

りも、実際に手を動かしてあらゆる失敗のパターンを実地で覚えたほうが成長スピードも速くなるという教訓といってもいいでしょう。

写真であれ、絵であれ、文芸であれ、とにかく手を動かすことによってこそ、成功と失敗のパターンがすばやく身につきます。Project 365 の仕組みは、作品を作るタイプの知的積み上げにおいて、成長を加速するためのテクニックと言えます。

「量」を選んで成長する

ただし、ここで付け加えなければいけないのは、単に同じことを繰り返すだけでは知的な積み上げになるとは限らない点です。

写真ならば撮影対象や条件といったものを変えつつ経験を積むことが重要でしょうし、絵を描く場合には描き分けやモチーフなどを繰り返すとともに幅を広げることも必要でしょう。

逆に、定点観測それ自体に意味がある場合もあります。同じ場所で観察を続けるからこそ違いがわかるような積み上げもあるわけです。たとえば東京オリンピックの準備期間中から開催まで、国立競技場の工事を毎日定点で撮影するといった試みは定点だからこそ意味があります。

量は必ずなんらかの価値を生み出しますが、どんな価値が生まれ

写真共有サービスFlickrでProject 365を検索すると、様々な人の取り組みが見られる

るかは自明ではないことに注意しましょう。

Project 365をインスタグラムで実践してみる

それでは実際に、インスタグラムを使って毎日の写真や、描いた絵といった作品をProject 365の手法で積み上げていってみましょう。

たとえば花の写真を連続で365日、あるいは目標で決めた100日間といったような長さで継続して撮影するとします。この場合、多くの人が利用している #project365 のハッシュタグをそのまま利用してもいいですし、#my100day といったようにオリジナルのハッシュタグを使って、写真を投稿してもよいでしょう。

なぜハッシュタグを使うかというと、あとでこの積み上げに関係した投稿だけをまとめたいと思ったときに便利だからです。また、あえてインスタグラムのような公開先を選ぶのは、ほかにも #japan、#flower などといったハッシュタグを利用することで、そのタグを見ている人にランダムに見てもらいたいからです。

特に人気のある作品や、他人にピックアップされてシェアされる作品があるなら、それが誰かの琴線に触れたということで特に注目します。なにがうまくいったのか、次に繰り返せるなにがないか、といった振り返りができるのです。

同様の積み上げは、インスタグラムでなくても、ツイッターや、Facebookといったプラットフォームで行っても問題ありません。しかし写真ならインスタグラム、友人にフィードバックをもらうならFacebookといったように、プラットフォームに合わせた利用方法があることは意識しておきましょう。

■ コラム:1 Second Everydayで1秒動画を積み上げる

スマートフォンにはProject 365のような情報の積み上げをラクにしてくれるアプリもあります。たとえば動画に関しては1 Second Everydayというアプリが、毎日1秒の動画

を撮影して、それをあとでつなぎ合わせることを可能にしてくれます。

撮影自体は長い動画で行うことができますが、選ばれるのはそのなかのたった1秒です。

短すぎると思われるかもしれませんが、記録することに慣れてきて、その日のハイライトを撮影できるようになると、一瞬でも意外にその日にどこにいたのか、誰となにをしていたのかを思い出せるようになります。

そしてこれを1カ月続ければ30秒、1年続ければ365秒でその年をまとめるショートムービーができあがるわけです。友人と会ったイベント、家族と過ごした週末、何気ない日常の一瞬。そうしたものがつながった動画は、かけがえのない記録となるとともに、もし定点観測型の情報の積み上げをしている場合でも、それを簡単に連続としてみることができるようになります。

似たような、記録を継続するためのアプリは様々なジャンルで存在しますので、ぜひ探してみてください。

1 Second Everydayの画面。1日が1秒で表現されたログになっている

知的積み上げの実際例(4)
スマートフォンを利用した
新しいフィールドワーク

　書斎で本を読むことだけが、知的生活とは限りません。積極的に屋外に出て、興味の赴くままに調査をし、得られた発見や感動を積み上げてシェアするのも、立派な知的生活といえます。

　こうした、学問の世界ではフィールドワークと呼ばれる現地調査を通した実践的な研究スタイルは、まさに『知的生産の技術』の梅棹忠夫氏が専門としたものです。フィールドで得られる情報は、えてして曖昧な印象でしかないものがほとんどです。その印象を逃さず捉えて記録し、後々の研究としてまとめるところに、『知的生産の技術』のルーツはあるといえます。

　あらゆるものがウィキペディアに掲載されて、Googleマップに映っていない小道はないほどにまで発展したいまの世界ですが、それでも実際に現地に行って目で確認することで得られる情報は豊富にあります。むしろ、ウェブの情報と現地との差にこそ旨味があったりするのです。

　そして、昔ならばそうしたフィールドワークの成果を持ち帰って資料と突き合わせなければいけなかった作業が、いまやスマートフォンでその場でできるケースも増えています。

散歩を時空の旅に変えてしまう

　たとえばふつうの道路に何気なく残っている奇妙な段差や石碑といったものが、どのようなルーツをもっているのか気になったことはないでしょうか。そうしたふだんの疑問も、その場で位置情報とともに検索することで、すぐに答えの可能性を狭めることができます。

　私がよく楽しんでみているのは「東京時層地図」というアプリでみる、その場所の江戸時代、明治期、戦前戦後の土地利用状況です。なぜここに大きな施設があるのだろうかと不思議に思って時間を遡って

みると、なるほど戦前の軍施設だったのかといったように、土地に対する時間方向の理解がその場で深まります。

知らない土地に行った際には、古くから立っている史蹟や石碑を探して回るのが私の地味な趣味の一つなのですが、最近これを圧倒的にラクにしてくれるのが、位置情報ゲームIngressやポケモンGOを用いた方法です。

というのも、これらのゲーム内のポータルやポケストップと呼ばれる場所は、地元の人が登録した珍しい石碑などであるケースが多く、ゲームを開けば探すまでもなくそれが画面上に表示されているのです。

専門の学者の間でも、実はこうした新しい情報の利用の仕方はまだまだ広がっているとはいえません。スマートフォンのなかで当たり前に表示される情報と現実との交点に、新しいフィールドワークの可能性が広がっているのです。

様々な場所の人の手を借りる

世界中の人間がスマートフォンをすでにもっていることを利用して、地図上に広がった情報を一挙に手に入れる方法もあります。

簡単な例だと、地震が発生したときや、落雷や爆発音などといったように、局地的な現象が起こったときにツイッターを検索してみるという手法です。「いまの音はなんだろう」「近くで落雷があったようだ」といったように、つぶやきから場所や影響範囲を調べるといったことを、現地に行かずに行うことができるのです。

これを、実際の研究に応用した例が、気象研究所の荒木健太郎研究官が実施している「関東雪結晶プロジェクト」です。

雪の結晶は、毛の手袋などのような細い繊維の上で捉えて、スマートフォンを利用してマクロ撮影することが可能です。荒木氏はそのコツをシェアしたうえで、撮影した結晶を位置情報とともに「関東雪結晶」のハッシュタグでつぶやいてほしいと呼びかけました。

雪の結晶の美しさと、それがスマートフォンで撮影できるという珍しさもあってこのハッシュタグは大きな人気を博して、様々な場所から膨

大な写真が投稿されるようになりました。結果的に、研究者が束になっても不可能なほどの膨大な撮影例が関東平野一面から集まり、広域の雪結晶の研究の基礎資料になったのです。

　これらの例は、ある場所に立っている事実を時間方向に拡張して考える積み上げと、広大な場所に散らばっている情報を一挙に集めるという二つの異なるタイプの情報収集方法です。しかし面白いのは、その両方がちょっとしたアイデアと、スマートフォンだけで実践できる点です。

　スマートフォンがもたらす情報の切り口には、まだ誰も気づいていない様々なパターンがあるはずです。それを創意工夫で見つけて発見を積み上げることも、立派な知的生活といえるでしょう。

　アイデアしだいでは、それは新しい学問分野を生み出すきっかけにもなりうるのです。

気象庁気象研究所の関東雪結晶プロジェクトのページ

■コラム：Ｇｏｏｇｌｅマップを検証してゆく

ネットで話題になったＧｏｏｇｌｅマップの一つの楽しみ方に、ストリートビューの途切れているような道の最果てを実際に訪問してみるという試みがあります。これを例に、現代のフィールドワークの実践例をご紹介しましょう。

道の３６０度画像を提供しているストリートビューは、専用のカメラを搭載した車で行っているため、細すぎる道や、思わぬ場所で引き返さなければいけなかった影響で途切れていることがよくあります。

しかし現実の道はそこで終わっていないこともありますし、実際に行ってみるとスクリーンに映っている様子とは状況が異なることもあります。ストリートビューで行ったつもりになることができる時代だからこそ、実際にそこに行ってみて検証するということに価値が生まれるという、逆説的な趣味と言ってもいいでしょう。

ストリートビューだけでアメリカ横断の「旅」をした旅行記を書いている例

知的積み上げの実際例(5)
姿の見えない違和感を
追い続ける

　知的生活の積み上げの実例として、ここまで紹介してきたものは、どれも本を開けば書いてあったり、現地に行けば見つけることができたりといったような、姿の見える情報でした。しかしなかには、目に見えない印象や、姿をなかなか現さない違和感を追い続けるタイプの知的積み上げもあります。

　アップル関連の話題を追い続けるブロガーとして有名な「Daring Fireball」のジョン・グルーバー氏は、アップルの内情に深く通じており、絶妙なタイミングで深い考察をすることで知られています。しかし彼が最も鋭い側面を見せるのは、まるで未来を見越していたかのように、先回りして集めた情報をあとになってまとめる際の観察眼です。

　最初のiPhoneが登場した際、ジャーナリストのなかにはそれが失敗に終わるだろうと考えた人が少なからずいました。ガーディアン紙の記者は「オールインワンのデバイスなんてアメリカでは人気がないし、日本ではまったく売れないだろう」と予想しましたし、『イノベーションのジレンマ』の著者でさえも当時「iPhoneはすでに激しい競争が存在する分野に参入していて、負かしてほしいといっているようなものだ」とコメントを残しています。

　ジョンはこうしたコメントをただ「合っていたか」「間違っていたか」ではなく、当時描かれていた未来像と実際がどうずれていたかという視点で収集し、iPhone登場から5周年、10周年といったタイミングでそれを批評することがあります。使われない可能性のある情報も大量に収集して整理しているのでなければ、こうしたつながりや批評を行うことは不可能です。グルーバー氏の批評は、普通の人には見えない点と点をつないでゆくことで成立しているのです。

　未来において重要になるかもしれない情報や、いまは答えが出ていないけれども保存しておけばあとで芽を吹くかもしれない違和感を

集めることは、表に見える情報の陰画を追うような、根気の必要な作業です。しかしこうしたところにこそ、誰も気づいていない考察や、やがて明るみになる隠された知識がひそんでいるのです。

ネットを丹念にウォッチする

ネット上の発言や炎上事件などを追うネットウォッチャーと呼ばれる趣味をもった人のあいだでは、意外なモットーがあります。それは実際に表で可視化されている情報よりも、可視化されていない情報が大量に存在することを念頭に「発言を追うよりも、誰が発言していないかを追う」ことが秘訣だというのです。

たとえば、ある有名人が当然言及すると思われるような事件がもちあがったときに、その人がなぜか沈黙を守っていたら、そこにはなにかがあるかもしれないと推理を働かせるわけです。

また、ネットにおいては"ネットの情報"ばかりが目につきますが、実はものごとはネットとは無縁の場で決まっていることのほうがよくあるので、それを探るといった具合です。

これはとても困難な種類の知的積み上げですが、偶然、点と点がつながると、これほどすっきりとするものもありません。

こうした発見をするためには、ふだんから違和感を覚えたなら、そ

れを証拠とともにメモしておくことが重要になります。

　簡単な例を挙げると、アップルやマイクロソフトといった会社がどのタイミングで新製品を発表するのかを予想してみるという遊びがあります。ブログ MacRumors はこれをデータから攻めているサイトで、過去に発表されたすべての製品について何日後にアップデートが発表され、平均で何日間なのかという情報がそろっています。

　たとえば iMac のアップデートは2012年以来298日、387日と1年ほどだったのが、2014年からは215日、147日とペースを速めた後、2015年からは実に601日、403日と非常にゆっくりとしたペースになりました。

　製品発表が「明らかな情報」ならば、発表と発表のあいだの日数はそれに対する「陰の情報」です。この数字に注目して情報を見直すと「ここでアップルの戦略に変化があったのでは?」と気づく瞬間があるわけです。違和感を感じ取ったならば、それを底まで追究する根気と、情報を読み解くセンスが必要な作業です。

現象に名前をつける

　「違和感を追う」というと、抽象的でわかりにくいかもしれませんが、繰り返し目撃して、これはどうも偶然ではないと思った現象に対して名前をつけるということならば、意外に身の回りによくある話かもしれません。

　たとえば「サークルクラッシャー」という言葉や「意識が高い」などといった言葉も、多くの人が感じていた現象にそれを総称する言い方が生まれたことでかえって広まったものです。グリム童話の「悪魔の名前当て」というモチーフは、鬼や悪魔の名前を知ることができれば相手を支配できるという、世界中の神話にみられる物語の類型です。これと同じように、**名前をつけるからこそ、もやもやとしていた対象が急にはっきり見えてくる**ことも多いのです。

　違和感の生じた現象には名前をつけてみることで、それを明確に定義できるだけでなく、同じような違和感をもっている人同士で感覚

を共有できるようになります。

■ コラム：Ｇｏｏｇｌｅアラートで、網を張る

違和感を追うタイプの知的積み上げは、長い期間をかけて、どこに飛び出すかわからない手がかりを探し続ける、困難なものです。

これをなるべく自動化し、手をかけずに実践するために、Ｇｏｏｇｌｅアラートなどの仕組みや、ツイッター検索などを利用するのがおすすめです。

たとえば私の場合、ＳＥＣＴＩＯＮ０１で紹介した「王は死んだ！」のフレーズがいつ、どこで使用されてもそれをモニターできるように、そのフレーズ自体でアラートがかけてあります。見落としがないように、英語だけではなく、複数の言語でも設定するほどです。

このおかげで、常にウェブを検索し続けなくても、このフレーズが使われた場合は自動で手元にメールが届くようになっているので、こうした調査をいくつも並行して実践できます。

似たように、ツイッター上の検索から通知を飛ばすこともしています。これはＳＥＣＴＩＯＮ０５で紹介するＩＦＴＴＴなどを使った仕組みが必要ですが、「特定のフレーズが使われた場合」「特定のアカウントがつぶやいた場合」などといった条件で、通知を送信することができるのです。

違和感を言葉に落とし込み、言葉がやってくるのを捕まえるためにウェブの仕組みを使って網を張るという、現代ならではの調査方法といっていいでしょう。

積み上げのために、毎日2時間を開放する

　読書経験を積み上げたい、いつか小説を書きたい、プログラミング言語を習得してアプリをリリースしたいといったように、みなさんには様々な形の知的生活の目標があると思います。

　しかし、毎日本を読みかけてはすぐにやめてしまい、再開するときには内容を忘れてしまっていて最初から読まなければいけない、あるいは習得したはずのスキルが多忙な日常のなかでこぼれ落ちてしまい、いつまで経っても足踏みをしているといった感覚におそわれることもあるはずです。

　こうした停滞感が続くと「自分には向いていないのではないか」「仕事と知的生活の両立は無理なのではないか」と絶望したくなる日が必ずやってきます。ここで重要になるのが、積み上げに必要な最低限の時間を確保しているかどうかと、その時間の内容です。

　数多くの著名なバイオリニストを育て上げた名教師レオポルト・アウアーは、最後の弟子の一人だったナタン・ミルシテインに「どれだけ練習をすればいいのか」と問われ、次のように答えたといわれています。「指先で練習しているだけなら、いくら時間があっても足りない。しかし頭脳を働かせるならば、2〜3時間あれば十分だ」と。

　この言葉は、バイオリンの練習という技巧の習得であっても毎日の積み上げにはコツがあることと、それを実現するための最低限の時間があることを教えてくれます。

毎日2時間を生み出す

　たとえば読書を始めて、ある程度満足のゆくところまで読み進め、心地よい疲れがやってきた時点で本を置いてその日の読書メモをつける——という一連の流れには、最低でも30分、できれば2時間ほど

は欲しいものです。

　あるいはプログラミングを開始して、新しい機能の実装をする場合でも、失敗や、やりなおしのための時間、そして新しい知識を試してみるために必要な最低限の時間があります。人によってその時間は様々でしょうけれども、平均的にみてそれが2時間なのです。

　この2時間を確保するためには、1日を見渡して引き換えにできる活動を見つけるよりほかにありません。その最大のものがテレビの視聴です。

　総務省がまとめている「平成28年情報通信メディアの利用時間と情報行動に関する調査」によれば、20～30代は平日に平均で110～130分テレビを視聴しています。あなたがいま積み上げたいと考えている活動と天秤にかけて、必要ならば入れ替えるのに、テレビの視聴時間は最も有力な候補といっていいでしょう。

　しかし近年、急速なペースで伸びているのがスマートフォンに割いている時間です。その一部は動画の視聴などといったようにテレビと重なるとはいえ、2012年から2016年の5年で平均77～113分だったものが115～156分と、約40分増えることで1日の可処分時間の大きな割合を占めるようになっています。最近、テレビとスマートフォンしか見ていない気がするのなら、その感覚は正確ですし、とても危険なのです。

そこで、まずできることは見るテレビ番組を選ぶことと、スマートフォンの活動を選ぶことです。みなさんがテレビとスマートフォンの平均的な利用の仕方をしているならば、テレビ120分とスマートフォン136分を合計して256分、実に4時間強に及んでいることになります。**見る番組を選び、利用するアプリを制限してこの半分を開放するだけでも、2時間を捻出することは可能**です。

たとえばiPhoneが動作するiOS 12では、毎日どれだけの時間端末を利用しているか、どのアプリで最も時間を消費しているか、一度に最も長く使用した際の時間などといった統計が表示できるとともに、アプリの使用時間に制限を設けることができます。

本来は子ども用に追加されているこうした管理機能は、時間が吸い込まれるようにして消えてゆくスマートフォンの利用状況を、意志の力を使わずに制御するのにとても有効な手段なのです。

5分のスキマ時間をかき集める

もしテレビの視聴やスマートフォンの利用がそこまでではなく、多忙でまとまった2時間を確保するのが難しいという人は、スキマ時間を応用した曲芸のような時間管理が必要かもしれません。

一日に散らばっている数分を集めて、夜のなけなしの1時間程度と組み合わせて利用するという手法です。難易度は高いですが、慣れてくれば呼吸をするように自然に実践可能なものでもあります。

たとえば仕事の昼休みの最後の5〜10分、移動時間のつり革にぶら下がった5分といった、忙しい日常のなかでも我に返ることができるほんの少しのスキマ時間というものは散らばっているものです。この時間を、帰ったあとの時間のための準備時間にするのです。

たとえば私の場合、職場と行き来する20分間の車中、あるいは移動のために歩いている5分といった時間は、次に書くブログ記事や原稿のための構成を練る時間になっています。

これを実践するのには一つのコツがあり、たとえばこれから15分移動だとわかったら、その時点でスマートフォンのメモアプリを開いて「移

動しながら考えるテーマ」を1行で書きつけます。そして、このテーマについて次の15分、集中して思索をめぐらせます。

　そして移動時間が終わる少し前に、その時点で考えていた内容をメモに書きつけて、スキマ時間の活用は終了です。具体的な原稿はその場ではできないかもしれません。しかし考慮しなければいけない話題や、使いたいフレーズ、構成といった程度のものでしたら、歩きながらでも十分にできます。

　同様に、技術書を数ページ読んで夜に帰宅した際に試してみたい実装について考える、描きたい絵のデッサンだけを済ませるといったように、少しの時間でも温めることができる活動は数多くあります。

　これらを、帰宅後のなんとか捻出した残りの時間と組み合わせることで、細々とした、しかし堅実な知的生活を営むことも可能です。

■ コラム：ストップウォッチの効果

時間管理のコツは時間の正確な把握から始まります。そのために利用をおすすめしているのが、スポーツ用のストップウォッチです。たとえばメールを一本書くときの時間、ブログ記事を書く場合の時間などといったようなものを正確に調べることで、なんとなく15分かけている、30分かけているといった認識ではなく、メール一本あたり3分30秒かかっているといった時間の使い方の癖を把握しておきましょう。

また、ストップウォッチによってはラップタイムの計測や、2種類のタイムを計測できる機能がありますので、これを使って毎日2時間程度を本当に確保できているのか、そのなかで知的生活にあてられているのは何分かといった現状把握のために使います。

時間のムダや癖を認識できれば、それを改善するための方法も見えてくるからです。

高すぎる目標よりも、ペースを守ることを重視する

　ふだんの生活が忙しすぎてなかなか知的生活のための時間を確保できない。日によって割くことができる時間がまちまちで安定しないということもあると思います。

　毎日1冊の本を読む、毎日一つの作品を描くといった目標を立てては挫折してしまう人をよく見かけますが、もしこうした失敗が続くようならば、目標自体を変更するか、目標の立て方を変えてみるのがよいかもしれません。

　たとえば「毎日」としている部分を「1週間のうち4日は本を読む」という具合に平均値を追う方法に変えてもいいですし、「毎日読むけれども、1週間で2冊読むことを目指す」という具合に長い目でみた目標を設定するのでもいいでしょう。

　これは制御できない日常を織り込んだうえで、長い目でみてある程度の知的生活が確保できているように計画するという作戦です。

読書の平均スピードを計測してくれる Bookly

　たとえば私は読書のペースを計測するために、平均スピードに着目して読書を管理できるiOSのアプリBooklyを利用しています。

　Booklyの使い方は、いま読んでいる本を登録し、読書を始めたときと終えたときにアプリのボタンをタップして、到達したページ数を入力するだけです。するとBooklyはそうした1回の読書で何ページ進んだのか、ページあたりの平均時間、あと何分で本を読み終えることができるかといったデータを表示してくれます。

　自分の手で計算するには煩雑なデータを、簡単な操作だけで手に入れることができるのがBooklyの魅力です。

　こうしたデータは、自分の読書の仕方について新しい発見を与えて

くれます。ライトノベルやビジネス書のペースと、難しい専門書のペース
の違いはもちろん、初めて読むジャンルの本は長い時間読むよりも短
い間隔でペースよく読むほうが馴染みやすいといったような、自分の
傾向が見えてきます。

　Booklyには1カ月で何時間の読書をするのか、あるいは何ページ
の読書をするのかという目標を設定する項目もありますし、読書のた
びに感想や引用をメモする機能もあって、読書の習慣を管理する理
想的なアプリになっています。

　こうした平均ペースの発想をすれば、「自分は1日に1冊も読めな
い」といって気落ちするのではなく、「この1週間は平均で1日に80
ページ読めている」といったように自分のペースを客観視して管理でき
るようになります。ここまで厳密ではなくても、1週間で初めて3冊読む
ことができた、週に2作品描くことを4週間続けられたのでとても調子
がよい、といったような捉え方でもいいでしょう。

　人は曖昧な目標を立てると、その曖昧さを心のなかで肥大化させて
「自分はできていない」と考える傾向にあります。そうしたネガティブな
気持ちに陥らないように、正確な数と、長い目でみたペースを見つめ
るのは健全な目標管理につながるのです。

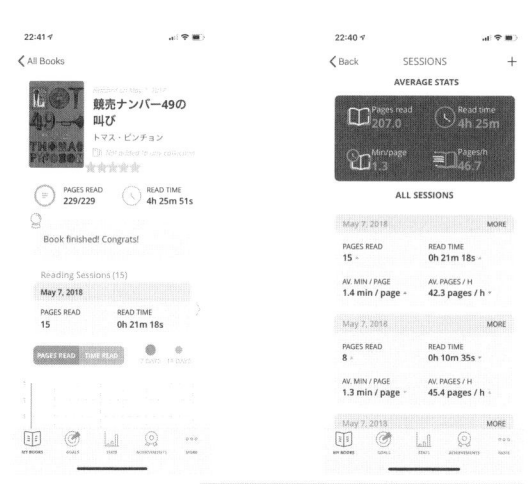

読書のたびにBooklyを利用するだけで、
読んでいるペースや統計が可視化される

ライフログを通して世界を客観視する

　グラフィックデザイナーとして有名なニコラス・フェルトン氏は、2005年から2014年にわたって、毎年の自分の行動のデータを美しいインフォグラフィックスにした "Annual Report" で知られています。

　たとえば2007年のリポートによれば、この1年で彼は612杯のコーヒーを飲み、632杯のビール、336杯のワインを飲んでいます。地下鉄に乗った回数は561回、タクシーに乗った回数は138回で、累計の距離は1075マイルになっています。これ以外に、誰とどのように時間を過ごしたか、写真を撮影した回数とその場所、訪問したレストランと食事のジャンルの頻度分布など膨大なデータを収集してグラフィックにしています。

　こうしたデータの一つひとつはスターバックスで飲んだ1杯のコーヒー、パートナーと会話した15分といったように、すぐに忘れてしまいそうな出来事です。しかしそれを記録し、グラフの上や地図の上に展開することによって、彼自身が意識していなかったパターンが見えてきます。データが、語り出すのです。

ライフログで、自分をフィルター化する

　こうした手法は、エンジニアで実業家のゴードン・ベル氏がマイクロソフトのMyLifeBitsプロジェクトで提唱した「ライフログ」の考え方から来ています。

　それは生活上の行動や、記憶といったものをデータの形で外部化することによって、人間の記憶力や発想力の限界を突破しようという試みで、現在のようにスマートフォンや記録用のデバイスが増えたいま、誰でも実践できる手法となっています。

　もし知的生活の積み上げのターゲットがなにも思いつかないのなら

ば、手始めとして生活や毎日楽しんでいる趣味の記録をとってみましょう。意識しなければ見逃してしまう出来事を記録という形で引き止めることで、思わぬ発見があとから見えてくることがあるからです。

　たとえばすぐに確認できる、みなさんが無意識に蓄積しているデータは、みなさんが聞いている音楽の視聴回数です。

　iTunesなどのようなアプリにそれぞれの曲を聞いた回数で順列（並べ替え）を行うことができますが、それを見ると意外な発見があるかもしれません。自分が好みだと思っていた曲と、実際の視聴回数から見えてくる好みにズレがあったら、それは自分の認識のなかにある違和感が見つかった瞬間です。

　これと似たように、自分が外食で注文する食事、訪問する場所といったように、ふだんの行動をデータとして捉えることで、偶然や気まぐれの連続に見えるもののなかから、意識していなかったつながりを可視化することも可能になります。

　それをもう一歩進めれば、自分自身のなかの感動や、違和感といった感情のライフログを記録することへとつながります。本を読んで感動した、映画を観て感動したと私たちは言いますが、その感動の種類を言葉で捉えてみたり、同じような印象を与えた作品を探してみたりしてください。その背後には、作品がもっている共通のテーマがあるかもしれません。それを自分の言葉で発信すれば、どこかに同じような感動を共有している人がいるかもしれません。

　回数を記録すること、場所を記録すること、感動や感情を記録することは、未来に向かって共通点やつながりを探すためのきっかけになります。

　実は知的生活の積み上げと本書で呼んでいるものは、実際は情報を自分というフィルターを通すことによって見えてくるライフログにほかならないのです。

記録すること自体が価値になる知的積み上げ

　時として、知的生活はなにも難しいことを考えたり、困難な作業を繰り返したりするのではなく、ただ記録を残しつづけるだけで成立することもあります。

　その昔、テレビアニメ「サザエさん」の次回予告のあとではサザエさんがお菓子を空中に放り投げ、それを口で受け止めてから喉につまらせるという演出で毎週の放映が終わっていました。しかし投げ食いは子どもが真似をすると危ないという配慮もあり、1991年10月13日の回を最後に、サザエさんがジャンケンをするという演出に差し替えられたという経緯があります。

　そしてそれ以降、何十年にもわたってサザエさんがジャンケンでどの手を出したのかを記録している人が、世の中には複数います。こうした人々の記録によって、特定の週のサザエさんがどの手を出していたのか、その時点でのそれぞれの手の確率が何％だったのかまでが、記録され、考察までされているのです。

　過去に戻ることが不可能である以上、記録を残すことはそれだけで価値が生まれます。『方丈記』には「おびたゝしく大地震振ること侍りき」と、元暦2年7月9日に発生した震災の記録がありますが、「十日廿日過ぎにしかば、やうやう間遠になりて」と、しだいに余震が減ってゆく様子も書かれています。

　現代的な視点で読むと、これは本震と余震の関係として見ることができ、この記録から地震の規模も推定可能になります。実際、こうした古文書の記録から地震の規模や、過去の気候といったものを調査している専門家は数多くいます。しかしそもそも記録がなければ、そうした推論も組み立てられないのです。

長い記録を意識して取得する

たとえば雑誌の創刊以来のすべての号をもっている、長寿番組の記録をすべてとっているといったように、長い記録はあとで誰かがそれを振り返りたいと思ったときに計り知れない価値があります。

それを保存すること自体は、さほどの手間がかからないことが多いのですから、知的な積み上げの一種としてなにか一つはもっておきたいものです。

問題は、どの記録にあとで価値が生まれるかはあらかじめわからないという点と、価値が生まれるほどになるまでには、相当に長い蓄積が必要な点です。

そこで、ある程度の記録については、SECTION05で紹介するプログラミングの手法などを利用して、全自動で、膨大な数を取得しておくのもネット時代ならではの方法です。

たとえば私は数字や時系列が気になるほうですので、特定のキーワードがツイッター上でつぶやかれた回数を数年にわたって記録したり、そのトレンドを定期的にグラフにしたりといったことを自動で行っています。手で行えば面倒なことを、コンピューターにやらせているわけです。

しかしそれとて、最初にそうした網をしかけておこうと考えるのにはきっかけが必要です。「この情報をずっと記録しつづけると面白いのではないか?」そうした直感が働いたときは、それを自動でどこかに保存できる仕組みを考えてみましょう。

数年から10年で、それが価値のある「考現学」のデータになることだって大いにありえます。小さな好奇心が10年後に驚くべき調査結果につながるような、そんな情報のコレクションを探してみましょう。

年に一度の振り返りと航路の修正で知的積み上げを深めてゆく

アメリカの作家、ダナ・スピオッタの小説『ストーン・アラビア』には、記憶にまつわる深い一節があります。

認知症を患う母と、自分が伝説的なロックミュージシャンだと思いこんで偽物の自叙伝を書き続ける兄とのあいだで、しだいに家族の現実の記憶が曖昧になってゆく妹デニスの視点で物語は書かれています。デニスは、写真は本当の記憶ではない、大事なことを覚えそこねた記憶のできそこないだと述懐したうえで、次のように続けます。

「それは実際に見ることを、しかるべき関心をはらうことを延期しているにすぎない。そして結局は孫引きの記憶しか残らないのだ。出来事そのものの記憶ではない、撮影された写真の記憶でしかなく、本物の深い記憶ではない。それは偽物で移ろいやすく、自分自身でそれが本物であるかさえ確信がもてない」

ここまで、様々な種類の知的な積み上げについて紹介してきましたが、なにか新しい価値が生み出されないならば、それはただのデータの蓄積や、意味のない情報の羅列にすぎません。しかるべき関心をはらわなければ、まさにデニスのいう「孫引きの記憶」が増えてゆくだけです。

たとえば、かつてライフログが流行した際に、毎日の食事や歩いた歩数を記録してブログにしていた人は大勢いました。しかし多くの人は食事の写真を数百枚撮影しただけで、そこから新しい情報を取り出せないまま、その習慣をいつしかやめてしまいました。

このように、よくよく注意しなければ、蓄積している情報に対する情熱があなた自身から消えていき、情報の意味もしだいに薄れて、なんのために記録していたのかわからなくなるという悲劇が数年後に待っていることもありえます。

知的生活とは、忘却との絶えざる戦いでもあるのです。

 ## 年に一度の、情報の振り返り

そこで注意したいのは、年に一度ほどでよいので、蓄積している情報があとで利用可能なものになっているか、なんらかの蓄積の手応えがあるかをチェックするという視点です。

本を読むのはその都度楽しい経験です。しかしここしばらくの一冊一冊の読書が点と点になって、なにか自分だけに見えるパターンを生み出しているか？　自分の興味が向かっている先はどちらなのか？　こうしたセルフチェックを行うことで、知的積み上げの意味が失われることに抵抗することができます。

もう一つのチェックは航路の修正です。最近新しいジャンルの開拓や、新しい体験を積極的にしていないのではないか？　積み上げを行っているように見えて、同じ場所で足踏みをしていないか？　という振り返りを行います。

最後に気をつけたいのは、常に知的積み上げを私的なものにしておくという視点です。「この本を読んだ」「このようなあらすじだった」という情報のなかには、あなた自身の感興や視点が入りません。これでは、読書そのものの記憶ではなく、本についての情報という、せいぜいGoogle検索できる程度で情報の積み上げが止まってしまいます。

写真という記録を記憶と結びつけるには、撮影されたものについて語らなければいけないのと同じように、積み上げている情報についての感想、感情、そのときの状況についてもあわせて保存しておきましょう。

そうした個性化した記録こそが、ほかのどこでも検索することができない価値を生み出してゆきます。そしてそうした個性化こそが、ほかにはない情報の蓄積として成長してゆくのです。

パーソナルスペースとしての「書斎」設計

自分が自分に還れる
パーソナルスペースとしての「書斎」を作り、
それを時間をかけて成長させましょう。

パーソナルスペース としての「書斎」が 必要な理由

　作家のヴァージニア・ウルフは、フェミニズム批評の名作である『自分ひとりの部屋』（平凡社）で「女性が小説を書こうと思うなら、お金と自分ひとりの部屋を持たねばならない」という示唆に富む言葉を残しています。

　お金とはこの場合、経済的自立を指します。この本のもととなった講演が行われた1928年は、その50年前にようやく英国の既婚女性の私的財産権が認められ、女性の経済的自立が現実感をもって語られはじめた頃でした。

　そして「自分ひとりの部屋」とは、面倒をみなければいけない夫や子どもといった現実的、あるいは象徴的な障害から解放された、自分の個人的な仕事と向き合い、思索を広げられる空間を指しています。

　これはもちろん女性だけに限った話ではありません。およそ知的な活動を持続し、なんらかの蓄積を行うためには「自分ひとりの部屋」、つまりはパーソナルスペースとしての「書斎」を獲得することが必要なのです。

なぜ、パーソナルスペースが大切なのか（1）蓄積

　書斎が必要な理由の第一は、知的生活の積み上げを行うには物理的な空間が必要だからという単純な理由です。

　膨大な資料のなかから思索を行う人ならば、書籍を置くために最低限必要な空間があります。それが映画のDVDや、音楽のCDや、プラモデルやフィギュアといったものでも違いはありません。

　情報をネットから集め、クラウド上に保存するスタイルの仕事をしている人でも、そのためのパソコンや机は必要になります。つまりその

人の知的生活のスタイルにあわせた「書斎の設計」が問題になるのです。

『知的生活の方法』で渡部昇一氏は、『アイヴァンホー』などの作品で知られるサー・ウォルター・スコット邸の圧倒的な書庫や、松本清張のような作家の仕事場、あるいは知的生産のためにマンションをもう一室借りている若い評論家の話題を引用しつつ、ライブラリーを私有することが知的生活を支えるということを繰り返し強調しています。

いまはすべての情報が検索できる時代といわれています。しかし書斎に置かれているのは、あなたが出会って選び取った、世界にほかにない検索不能な情報の集合体です。

コレクションによって情報を私有することを意識することは、情報を通して個性を生み出すことでもあるのです。

なぜ、パーソナルスペースが大切なのか（2）知的自由

書斎が必要なもう一つの理由は、それがウルフのいう知的な自由を与えてくれるからです。

たとえば紀田順一郎氏は『書斎生活術』（双葉社）のなかで、一日の仕事から戻って昨日読みかけの本が開いたままそのまま置かれていると「われに還る瞬間」が来たことを意識すると書いています。

中世の神秘思想家トマス・ア・ケンピスの言葉とされている「あらゆる場所に安息を求めたがそれを得ることはなかった。部屋の片隅にあって本とともにあるときを除いては」という有名な文句も、場所と書物と、それがもたらす安心について考えさせてくれます。

場所があるからこそ、いつもの生活から知的生活へと移行するスイッチが入るわけです。そして会社や社会的生活で求められている自分の姿とは違った、本来の自分に回帰する時間を得ることができるといえます。

また、書斎というスペースは知的な探検の場所でもあります。欧米の作家やクリエイターは、自分が作品を作る部屋や工房のことを指して「ねぐら（lair）」「洞穴（cave）」という言葉を使うことがよくありますが、

それはまるで、未知へと身を投じた人が、冒険のすえにその成果を持ち帰って来たような印象を与えます。

　書斎はすでに知っているものを保管しておくための場所ではなく、これから発見するものが隠されている空間でもあるわけです。

　SECTION02で紹介した、知的生活としてなにを実践するかという設計とともに、空間の設計を行うことも知的生活に欠かせないのです。

私の書斎

　ここで最も害があるのは、書斎という言葉そのものかもしれません。この言葉には、大作家がもっているような膨大なライブラリーや、コレクションで埋め尽くされた部屋といったような、大それた雰囲気がつきまとうからです。

　しかし意識しなければいけないのは、写真や逸話で知るようなこうした完成された書斎の姿は、その作家やアーティストが一生をかけて育てた最終完成形だという点です。

　一般的な住居に住み、ささやかな知的生活を時間をかけて構築しようと考えている特に若い人にとっては、**むしろ本棚一つ、小さな机一つから成長させてゆくのが、ここで設計したい書斎の姿**です。

著者の書斎の現在の様子。これも20年分の蓄積の結果であることに注意

私の場合、趣味とそこから派生した執筆という仕事のために、現在は8畳の部屋に5つの本棚と机を置き、約3000冊の本がいつでも手に取れる空間を整えています。しかし最初からこのような状態ではありませんでした。

　大学生時代、机とセットで購入することで値引きしてもらった最初の本棚と、本の重さにしなるいくつものカラーボックスから私の書斎は始まりました。結婚当初に2つ目の本棚を増やしてすべてを3畳の部屋になんとか押し込み、足元にも本を積みながらやり過ごした時期もあります。

　そしてさらに二度の引越しとともに、ゆるやかに私が私に還る場所は広がっていきました。

　パーソナルスペースとしての書斎を作りたいと考えた場合、1.まずは小さく、可能な範囲から始めること、2.しかし10年先の目標を夢に描きつつ、空間への投資を計画すること、が指針となります。

　いまは、高度経済成長期と違って家を建てることや、広い部屋に引っ越すことなどもなかなか難しい時代です。家のなかに書斎用の部屋を確保するのも至難です。

　そうしたときこそ、まずは基本に立ち返りましょう。最初は本棚が一つ、そして帰ってきたときに、昨日読みかけの本がそのまま置いてある小机だけでもかまいません。

　モンテーニュはその『エセー』で次のように書いています。

「完全に自分自身の、まったく自由な店裏の部屋を一つ取っておいて、そこに自分の真の自由と唯一の隠遁と孤独を打ち樹てることができるようにしなければならない」（モンテーニュ『エセー』原二郎訳、岩波書店）

「ここは自分の空間だ」と安心とともに宣言できる片隅に旗を立てるところから、私たちの書斎の旅は始まるのです。

デジタルとアナログが
バランスした、
ハイブリッドな書斎の設計

ブロガーのいしたにまさき氏は『あたらしい書斎』（インプレス）のなかで、デジタル技術の新風を積極的にとりいれた「開かれた書斎」を提唱しています。

それはたとえば書籍ならばデジタル化すべきものはデジタル化して物理的なスペースを節約するとともに、情報の入手と発信もウェブを通して行うことを意識することで、書斎が情報の流れを通して世界に向かって開かれている状態を目指しています。

電子書籍を読むのが日常となり、デジタル化したメディアも多くなってきた昨今、こうした発想は当然のことのように思えるかもしれませんが、実際にアナログな書斎とデジタルな書斎のバランス、その長期的な成長という視点で書斎を設計している人は稀でしょう。

そこで本SECTIONでは、アナログとデジタルのハイブリッドな書斎の実際の容量や、維持するうえでの指針についてまとめてゆきたいと思います。まだ書斎と呼べるような空間をもっていない人はもちろん、すでになんらかの知的空間をもっている人にとっても書斎をハイブリッド化してゆくのに参考になるはずです。

電子書籍の購入割合と、電子化の割合

たとえばあなたが書籍を中心とした知的積み上げを目指しているとして、どのような種類のコンテンツと収納方法の組み合わせがあるでしょうか。

まず、本棚に収納した物理的な本があります。まだまだすべての本が電子化されているわけではありませんし、資料として眼の前に広げておくことができる紙の書籍の優位点はそう簡単になくなるものではありません。

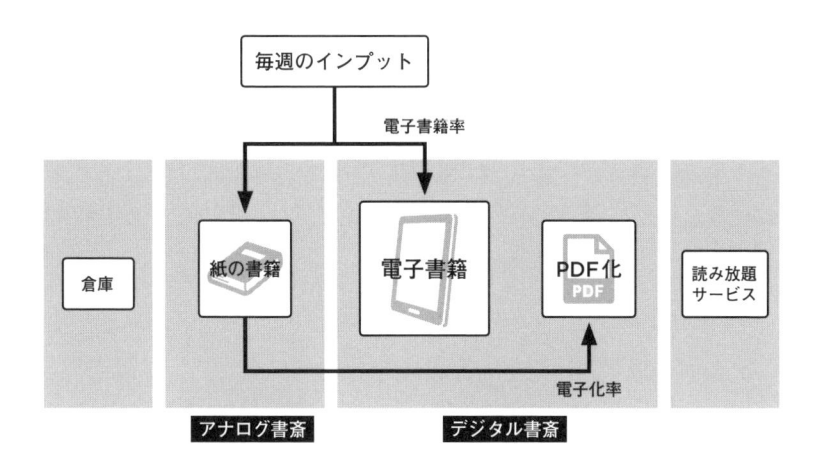

　私の場合、自分の興味の中心を射抜くような資料については必ず紙で入手するとともに、利用頻度が高いならば電子版も両方購入してしまうことがよくあります。

　巻数の多いコミックや新書などについては次から次へと増えてしまって本棚の場所をすぐに専有してしまいますので、なるべくAmazon Kindleによる電子書籍で集めています。また、洋書についても同じくAmazon傘下のAudibleサービスを利用してオーディオブックで読むようにしています。

　ここに紙で購入したものの、置いておくスペースがないために自分で本を断裁し、後述するScanSnapでスキャンして電子化したものが加わります。

　ここで頭の片隅で計算しておくとよいのが、**紙の書籍の数に対する電子書籍の数の割合**です。

　週に5冊ほどの本を購入する人は、1年で260冊、5年で1300冊のペースで本が増えていきます。これを「悩んだら電子書籍ファーストにする」「5冊のうち3冊は電子書籍で購入する」といったポリシーをもっておけば、年間260冊がおよそ104冊の紙の本と、156冊の電子書籍という配分になります。さらにそこから一定の割合を断裁して電子化するというポリシーを取れば、紙の本の増加をコントロールすることが可能になります。

ここで変数となっているのは、「週に5冊」の部分と、電子書籍で購入する割合、そして断裁して電子化する割合です。この数字を操作して、自分の自由になる空間と、購入冊数と比較してみましょう。

　極端な例ですが、たとえば週の購入冊数を10冊にしても、その半数を電子書籍で購入し、さらに紙から電子化する割合を、その手間を惜しまず75%にまでもっていけるなら、年間の物理的な本の増加数は65冊にとどまります。

　私はここで一冊一冊のすばらしい本との出会いを味気ない数字に還元していますが、これは置き場所がないために買うのを控えてしまう前に、「このバランスならば週何冊まではいける」という目算をするための考え方です。

　こうしたバランスに加えて、後述するように書斎の一部を倉庫に追い出す、あるいは読み放題サービスを使うなどといったような、さらに部屋のなかにある紙の書籍を捨てることなく抑制する方法も利用できます。場所は有限ですが、情報の流れをその制限からなるべく解放するところにこのバランスの重要性があります。

10000冊のライブラリーを目指す

　私はここで、まるでベルトコンベアのように書籍を毎週一定数買うという前提で話をしていますが、そこには**情報との出会いを習慣にする**という考え方が背景にあります。

　書籍に限らず、なにかのコンテンツを購入する際によくいわれるのが「前に買った本を読み終わってないではないか」という痛烈な指摘です。これはもちろん正当な意見ではあるものの、知的積み上げという視点でみると常に正しいとは限りません。

　本やコンテンツを手に入れるのは、そのとき気になったから、いずれ役に立つかもしれないと何かが囁いたからでもあります。そしてそうした直感が数年経ってから正しいこともままあるのです。

　読書家のあいだで「積読」とも呼ばれるこうした収集の仕方は、最近イギリスのBBCでも紹介されて欧米で話題になりましたが、その際

に記事で使われたのは "The art of……" つまり「技法」という言葉でした。

気になる情報を常に一定のペースで収集し、可能なペースでそれを消費して積読とバランスさせつつ、ライブラリーを長期的にゆるやかに成長させてゆくのは、まさに知的生活に必要な「技法」といってもいいでしょう。

こうしたバランスを突き詰めて管理すれば、一般的な部屋でも10〜20年で10000冊のライブラリーを構築するのは荒唐無稽な話ではありません。

日常的にどのようなペースで情報との出会いを心がけ、それをどのような形でパーソナルスペースに蓄積するかという戦略を立てることは、あなたの未来のライブラリーを一歩一歩構築することでもあるのです。

■コラム：電子書籍率と電子化率を試算する

目安を立てるために、本を電子書籍で購入する割合と、紙で買った本を電子化する割合をそれぞれ仮定した場合に、部屋に残る紙の本の1000冊あたりの数を表にしてみました。あなたのコレクションの特徴と、どれだけの手間をかける用意があるのかを考慮して、書籍が部屋に溢れかえらないバランスを考えてみてください。

		電子書籍率		
		30%	50%	70%
紙の本の電子化率	20%	560冊	400冊	240冊
	40%	420冊	300冊	180冊
	60%	280冊	200冊	120冊
1000冊あたりの紙の本の冊数				

一室を書斎にあてる場合

　まず、自宅の一室を書斎に割り当てる場合を考えてみましょう。一人暮らしの人ならば、借りている部屋がそのまま書斎になりますが、家族と暮らしている人の場合は、一室をこの目的のために割り当てることが必要になります。

　書斎の機能として必要なのは「アーカイブ」と「ワーキングスペース」です。

　あなたの知的生活の積み上げしだいですが、本、CD、DVDといったものを考えるならばアーカイブは本棚になりますし、ワーキングスペースは机となります。工房のようなものを考えているならばワーキングスペースは作業デスクになるかもしれません。まずは書斎にどのような機能を期待しているのかを考え、それぞれの割合をイメージしておきます。

　本を中心とした書斎ならば、将来のことも考えて、最初にできる限りの多くの本棚を配置するようにします。「あとから増やせばいい」と思うかもしれませんが、その頃には別のものがその場所を占有していることになりますので、最初からなるべくその部屋のアーカイブ容量を最大にするようにするのが得策です。

　たとえば横幅80cm、あるいは120cmのイケアのBILLY書棚をベースにして4畳、6畳、8畳の部屋を構成すると、次ページの図のような配置になります。窓やドアの位置、クローゼットの有無などで多少は前後するはずですが、4畳ならば机1台に対して書棚が3〜4個、6〜8畳ならば机1個に対して6個の本棚を配置することができます。

　こうした配置の組み合わせを、本棚の収容冊数（後述）と掛け合わせることで、あなたの書斎の"容量"を見定めておきましょう。

　これがハイブリッドな書斎のうちアナログの側の最大値となるからです。

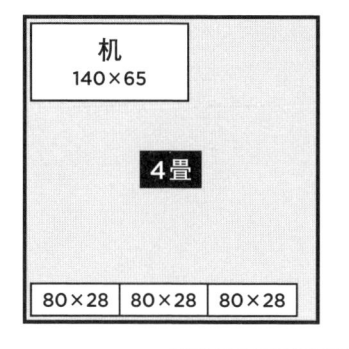

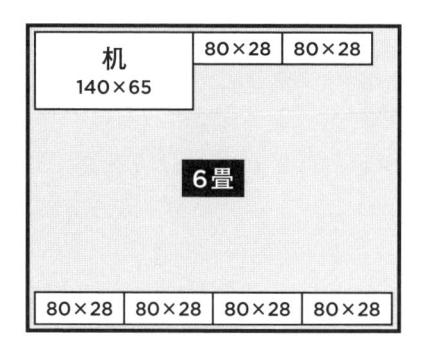

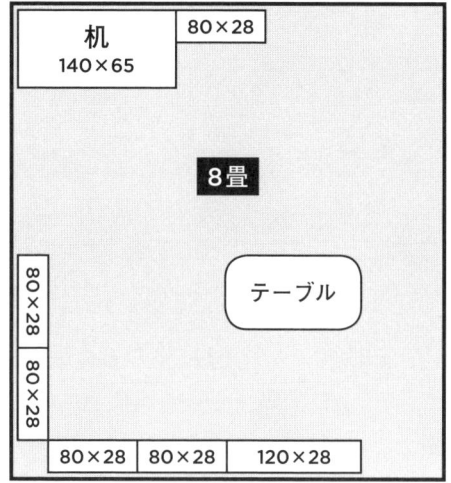

現代の書斎に必要なほかの設備

　ハイブリッドな書斎に必要な設備として、いまならばパソコン、高速なWi-Fi、そして周辺機器の置き場所があります。また、暑さや寒さを我慢して作業を行うことの非効率さを考えるならば、その部屋はエアコン付きにしておくのが望ましいでしょう。

　これに追加してぜひおすすめしたいのは、光量が強いLEDのシーリングライトと、部屋の片隅で可動できる除湿機です。ここは生活の雰囲気を楽しむための部屋ではなく、隅々まで明るくする必要のある空間ですので、通常よりも強めの光量で選択するのがコツです。

また、除湿機は書籍の最大の敵である湿度を夏の時期に抑えることができるうえに、空気が乾燥するために快適になるという効果があります。我が家では梅雨頃からの数カ月は除湿機とエアコンを併用して、本がいつでもパリッとした状態で楽しめるようにしています。これも長い目でみて、本の状態を維持できるので良い投資となります。

　逆に、過去には必要でしたがいまは必要性が低くなったのが書類を保管するためのキャビネットや、書類のための収納です。後述するように、書類は電子化して収納しておくか、倉庫に追い出しておくのを基本とするべきで、用もなく部屋で空間を占有させておくのは書斎の収容能力を圧迫するだけです。

シェアする書斎

　しかし、そもそもこうした一室を確保できるかという問題もあるでしょう。

　かつて知的生活について書かれた本の多くが家長としての男性像を下地にしており、配偶者は女性でしかも専業主婦であることが前提となっていました。そうした前提でも男性が権威的な書斎を専有できたのは一部の場合だけで、多くの本では子ども部屋の必要性や家族の共有スペースの優先度に対して譲らなければいけない現状が紹介されています。

　紀田順一郎氏の『書斎生活術』では、遅くまで仕事をしていて帰ってこない男性は家庭において「流れ者」扱いとなり、書斎をかまえる必要性を認めてもらえない現状を嘆いています。渡部昇一氏の『知的生活の方法』は100坪の土地に書庫の完備した邸宅を作るという理想像を描いていますが、これももちろん、あまり参考になりません。

　いまでは共働きの世帯もふつうとなり、「家長」が書斎を専有するというイメージも古臭くなりはじめています。あなたにパーソナルスペースが必要なように、あなたのパートナーにもパーソナルスペースが必要な時代なのです。

　これを解決する魔法のような方法はありません。しかし検討する価

値があるのは「**書斎をシェアする**」という考え方です。

たとえば書斎を誰か一人が専有する場所ではなく、パートナーと二人で共有するアーカイブにする、あるいは家族全員のアーカイブとして利用することもできます。

この場合も、家族全員が読むコミックなどは居間などの共有スペースに本棚を置いてそこに収納しておくようにして、書斎の本棚はそれぞれ場所を区切って不可侵の領域にしておくのがおすすめです。

なにが置いてあるか、どのように配置されているかも含めて、余人に口を出されることがないのがパーソナルスペースだからです。

机についても横幅の短いものを2台用意してパートナーと仕事空間を分けるか、あるいは昼間は子どもが勉強部屋として使い、夜は仕事部屋として利用するといった共有の仕方も工夫できます。

机の上もまたパーソナルスペースですので、机を使う人数分だけ、机の上に広げた本や書類を一時的に保管できる収納ケースを用意しておくのがいいでしょう。いわばその人の「セーブデータ」のように、別の人が利用する際には机の上のものをすべてそこに格納するわけです。

パーソナルスペースを必要としている家族の分だけ部屋があるという幸せな場合を除けば、ある程度こうした共有と棲み分けを意識することで、家庭と書斎の両立が可能になります。

部屋の一部を
「書斎」にあてる場合

　書斎として一つの部屋を確保できない場合は、パーソナルスペースの設計はもう少し複合的になります。

　たとえば多くの家には居間のような共有スペースがありますので、そこに本棚を数個確保し「この棚は自分だけの不可侵の場所」という具合に決めておくことがまず考えられます。

　似たように、物置のこの部分、クローゼットのこの部分は、といった具合に、分散した"領土"を確保しておくこともできます。「自分だけの部屋」ならぬ「自分だけのスペース」ですが、まずはそこだけは自由になるという、いわば自治権を確保することが大事だからです。

　次にワーキングスペースとしての場所も、なるべく固定位置を確保するようにしましょう。小机一つ、あるいは食卓の定位置といったところから、安心して知的活動を広げられる場所を模索してゆくわけです。

　いしたにまさき氏は『あたらしい書斎』のなかで小机1つと、本棚1つを1畳程度の面積にならべた「一畳の書斎」を提唱しています。最

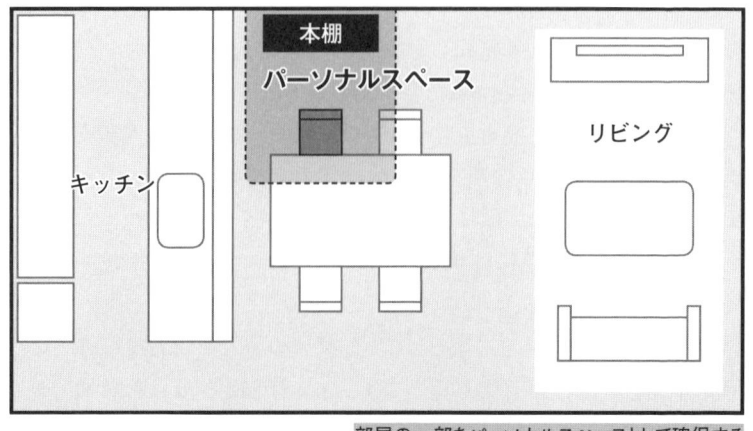

本棚

パーソナルスペース

リビング

キッチン

部屋の一部をパーソナルスペースとして確保する

近の家具のバリエーションを使えば、意外に家の片隅にこうしたパーソナルスペースを用意することは可能なのです。

　こうした仕事場で意外に大きな空間を占めるのが椅子の存在ですので、それをそもそも利用しないライティングビューローを使う手もあります。必要なときに前に椅子をもってきて利用するタイプのものもあれば、立ったまま利用するタイプのものもあり、これならば狭い家でも意外にスペースを捻出することができます。

　立ったまま仕事をすることなんてできるだろうかと思われるかもしれませんが、ヘミングウェイやヴィクトル・ユーゴーといった作家もライティングビューローを使って立ったまま仕事をしたことで知られています。常に立ったままではなく、ふだんは家族の共有スペースでゆったりと本を読み、ここぞというときだけ立って仕事をするというスタイルをとることもできます。

　パーソナルスペースの確保は場所をとりあう家族との闘争ではなく、ライフスタイルのなかに自分にあった場所を探すための旅といってもいいものです。

見落としがちなベッドの利用

　知的生活の場所として見落とされがちなのがベッドの活用です。トルーマン・カポーティやウラジミール・ナボコフのように、ベッドの上で創作活動をしていた人もいます。寝室は比較的静かですし、寝床にいる人を追い出そうとする向きはあまりいませんので、邪魔が入りにくいという利点もあります。

　ベッドの横にライティングビューローがあればそこが仕事場になりますし、壁にそって薄型の書棚を配置するのもいいでしょう。これもまた知的独立のための一つの知恵なのです。

　もちろんこうした手段はなかなか長期的に維持するのは難しいでしょう。増えてゆく書籍やコレクションを保管するのもままなりませんし、広さのある机でしかできない仕事もあります。

　しかし、もう一度思い出していただきたいのは、あの大作家たちの

パリのヴィクトル・ユーゴー記念館に展示されている
ライティング・ビューロー

巨大な書斎といったものが生涯の蓄積の結果だという点です。彼らの多くが自分自身の部屋のないところからスタートし、時間をかけて自由を獲得していったのです。

　一足とびに大きな書斎を確保できずとも、そこに向けて意志をもちつづけることによって家族の理解を得られることもあるでしょうし、いざ空間ができたときにその最も有効な利用方法があざやかに目に浮かぶということもあるはずです。

　自由になるからパーソナルスペースを作ってゆくのではなく、より大きな自由を求めて、部屋の片隅から、一室に至るまで、時間をかけて獲得してゆくのも、長い目でみた知的生活の設計なのです。

■コラム：デジタルな書斎を家族やパートナーと共有する

家庭のなかに自分だけの空間を作るためには、家族が利用する空間をなるべく節約することも重要になります。そこで電子書籍やデジタルコンテンツの時代だからこそ取り入れたいのが、家族全員がアクセスできる電子書籍リーダーや、タブレットを導入するという使い方です。

最近だとコミックや書籍も巻数が多く、場所をとるものが珍しくありません。家族の全員が読むようなシリーズがあるならば、誰かが代表となって作成した電子書籍ストアのアカウントを使って、そのアカウントに本を集中させ、家族全員が利用するタブレット端末に集約することをします。

家族全員がたのしむ数百冊のコミックや映画などが一台のタブレットに変化することで、共有スペースにモノとして置く必要がなくなります。その分だけ、家族それぞれがパーソナルスペースを確保することが可能になるというわけです。

現状、Amazonのように電子書籍やデジタルコンテンツを販売するサービスはアカウント間でのコンテンツの共有を制限している場合が多いので、こうした運用には「このシリーズは必ず家族アカウントで購入する」などといった取り決めをおこなうなどの工夫が必要です。

一方で、iTunes StoreやApple Booksのファミリー共有機能や、Google Playファミリーライブラリのように家族間の共有に対応しているサービスを積極的に活用することもできるでしょう。

情報の蓄積は知的生活を意識しているあなただけの問題ではなく、パートナーや家族の問題でもあります。場所を節約することで、空間を共有している全員がより多くの自由を手に入れることができるのです。

フットプリントで選ぶ
イケアの家具

　スウェーデン発の世界最大の家具チェーン・イケアは、北欧らしいすっきりとしたデザインとリーズナブルな価格で日本でも大変な人気です。

　その最も有名な製品の一つが、ギリス・ラングレンによって1979年にデザインされて以来、6000万台が出荷されている書棚の定番"BILLY"（ビリー）です。当時のマネージャー、ビリー・リシュダールの「本を入れるためだけの棚がほしい」という求めに応じてナプキンの裏に最初のデッサンが描かれたこの棚は、そのままBILLYと名付けられ、いまではイケアそのものを指す製品として知られています。

　BILLYの魅力はそのシンプルなデザインだけでなく、部屋のなかでの取り回しの良さにあります。奥行きは28cmで統一され、棚の位置を比較的自由にできるユニットが幅80cmの定番サイズに加え、幅40cmと、120cm（2-3列型）と存在しますので、組み合わせによって統一されたデザインの書棚で壁一面を覆うことができます。また、コー

イケアのBILLY（ビリー）書棚

ナーソリューションのタイプもあるため、部屋の角に対して本棚を複数並べることも可能です。

　高さは基本が202cmに対して、上部追加ユニットを追加することで237cmまで拡張可能です。また、埃や汚れを避けたい場合は扉パーツのOXBERG（オクスベリ）との組み合わせを作ることもできます。レゴブロックのように、部屋の大きさとニーズにあわせて組み立てることができるのが、書斎の設計という視点にぴったりなのです。

　もし棚の位置を可動にする必要がないならば、奥行き24cmで幅60cmのGERSBY（ゲルスビー）、FINNBY（フィンビー）などのラインナップも存在します。初めての本棚ならばこれらもよいかもしれませんが、文庫本や大型本の数に応じて柔軟に収納力を変えることを考えるならば、棚を増やし、位置を変えられるタイプへの投資が妥当でしょう。

KALLAX シェルフユニット

　もし余裕があるならば、本棚とは別に一台導入しておきたいのがKALLAXシェルフユニットです。これは小物や、書類などを保管することを念頭においた棚ですが、正方形に区切られたユニットが33cm四方で、奥行きが39cmと深めになっています。

イケアのKALLAX（カラックス）シェルフユニット

KALLAXが便利なのは、書籍などを集めていると必ず数年に一度出てくる、規格外に大きいアイテムを収納するのにぴったりだという点です。たとえば写真集や画集のなかには他の本に比べてかなり大きいものもあり、この1冊のために棚を調整するのももったいないので、こうしたサイズの本が棚をまるごと要求するまでは、KALLAXのユニットの一箇所に集めておくわけです。

イケアのBRANÄS（ブラネース）や、BATTING（バッティング）といったバスケットはKALLAXのユニットに入るように作ってありますので、こうした収納ボックスやバスケットを利用して効率的な整頓を行うのにも向いています。

MALM と MICKE。二つの机の選択肢

イケアの机にも様々なサイズがありますが、その代表例としてコンパクトなMICKE（ミッケ）と、足元が開放的なBEKANT（ベカント）、安定感のあるMALM（マルム）を比較するとわかりやすいでしょう。

MICKEは奥行きの基本が50cmとなっており、この場合デスクトップのパソコンを置くのには向いていません。MALMの奥行き65cmでようやく、両手を机の上にのせて余裕の操作が可能になります。

これに対してBEKANTは奥行き65cmの脚の長さが65〜85cmのあいだで伸縮可能な、引き出しもなにもないデスクです。一見味気ないように思えますが、ノートパソコンとデスクライト、そして少数の事務用品を展開するならばこれで十分です。引き出しに常に足を打ちつ

イケアのMALM（マルム、左）とBEKANT（ベカント、右）

けるよりも、こうして風通しを良くしておくのも経験してみると捨てがたい実益があります。

　イケアで家具を統一する利点は、書棚とシェルフユニット、そして机がそれぞれ互いを補完するように機能するうえに、デザインに落ち着いた個性がみなぎっている点です。ぜひご自宅の壁の長さに対してどの組み合わせが最適なのかを、それぞれの製品のフットプリントにあわせて検討してみてください。

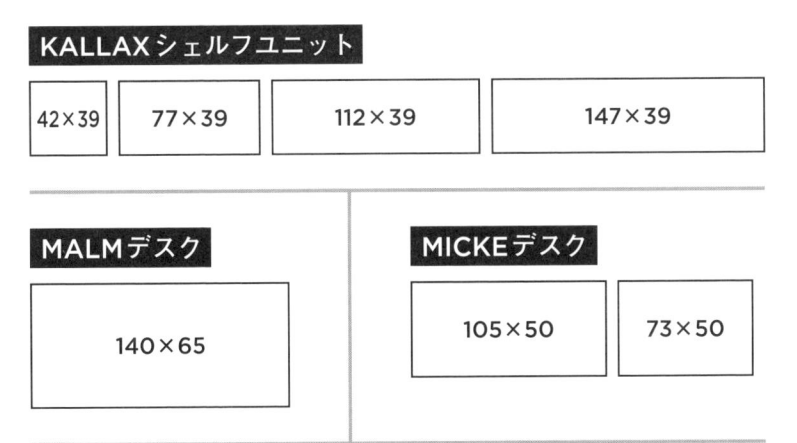

BILLY本棚のフットプリント

	高さ202cm	高さ237cm
60×24	約300冊	約380冊
80×28	約400冊	約500冊
120×28	約600冊	約750冊

KALLAXシェルフユニット

42×39	77×39	112×39	147×39

MALMデスク

140×65

MICKEデスク

105×50	73×50

注：平均的な300ページの書籍を並べた場合の冊数。
前後2段に収納するなら約2倍の収納数になる。

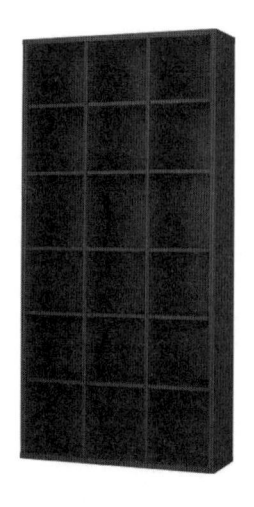

strategy 23

ニトリのオーダーラックで理想のサイズの家具を設計する

　安価でクオリティの高い家具メーカーとして日本で存在感を示しているのは、なんといってもニトリです。安さが注目されがちではあるものの、様々な用途の家具のバリエーションが存在することによって、イケアとはまた違った組み合わせを検討することができます。

　ニトリで書棚のスタンダードとして他と比べるためにまず押さえておくべきなのは、幅89cm、奥行き29cmの「グレン」です。イケアのBILLYと比べると幅が10cmほど大きくなるかわりに縦に二箇所仕切りがあるため使える棚面積はそれだけ狭くなりますが、真ん中の固定棚以外はすべて可動であることを考えると非常に高い柔軟性をもっているのが利点です。

　もう一種類の書棚「サラ」は、幅が39cm、76cm、114cmの3種類が存在し、幅76cmのタイプは中央に仕切りがあるものの、これもグレン同様に真ん中の固定棚以外はすべて可動になっています。ま

ニトリの「グレン」（左）と「オーダーデスク」（右）

た別売りのパーツ（扉・引き出し）があり、用途に合わせてカスタマイズもできます。

　注意したいのは、ここで組み合わせるグレンとサラはそれぞれ181cmと189cmと、多少高さが違う点です。また、上置きユニットはグレン用のみが発売されています。メインの書棚は上置きで天井近くまで本を配置して、サブの本棚は上を物置に利用するといった差別化が必要になるでしょう。

 ## 1cm単位で注文できるオーダーラック

　どうしても書棚の組み合わせがうまくいかない場合に検討したいニトリのサービスに、1cm単位でオーダーすることのできるオーダーラック、オーダーデスク、オーダーコンソールがあります。

　たとえばオーダーラックの場合は25mm厚の本の収納に適したタフタイプのラックも存在し、15〜90cmの幅、奥行きも19、31、40、46cmの4種類、高さも281cmまでの10段階と突っ張り棚もあわせて設計することができます。

　このオーダーラックを使えば、たとえば部屋の大きさが正方形で壁の長さをなかなか確保できないかわりに中央にスペースがあるような場合に、奥行きの深いラックを使って本を前後二段に収納するといったことも検討できるようになります。

　オーダーデスクについては幅60cmから180cmまでの範囲で奥行き45、60cmの2種類のデスクを設計できます。たとえばパートナーと二人で机を共有したい場合に、一つの机では狭すぎるので1.5人分の広さのデスクを注文するとシェアしやすいといった、既存の家具の大きさの発想を離れた利用方法が可能になります。

　オーダーコンソールはU字型のカウンターをやはり1cm単位で注文できるサービスですが、これはたとえばベッドの足元部分に設置することによって、寝床の周辺に簡易な机を設置することが可能になります。

無印良品の薄型収納で廊下の図書館を作る

　無印良品と聞くと、センスのいい小物や収納用品がまず思いつきますので、なかなか書斎における存在感はないかもしれません。イケアやニトリに比べれば相対的に高価ですので、選びにくいという点もあるでしょう。

　しかしさすがは日常の収納について考え尽くしているだけあって、ポイントを決めて導入することで他では実現できないアーカイブを作れる製品が無印良品にはいくつかあります。

　たとえば「オーク材薄型ラック」のシリーズは、奥行きが16cmと22cmで、高さは83cmと175.5cmから選べる、薄型ながら収納力のある組み立て式のラックです。週刊誌などのB5サイズと書籍などのB6サイズがぴったりと収まる奥行きで、たとえば書斎で収納しきれない本を廊下の一部に設置するといった利用方法ができます。組み合わせ次第で高さが調整でき、コーナー棚もあるので、廊下の空きスペースに合わせて活用できます。

　廊下に本を置くのは相当の読書家のように思えるかもしれませんが、書斎を本でいっぱいにするのではなく、あえて一部を外に追い出すタイプの人もいます。家族と共有している本を「廊下の図書館」に置いておくとともに、パーソナルスペースは絶対に必要な本だけを厳選するというスタイルです。

シェルフと収納家具を利用する

　狭い部屋を有効に活用するために利用できるのが、骨組みだけで構成されているステンレスユニットシェルフです。これを壁沿いに置くのではなく、本棚の前に置いてしまうのです。

　本棚は常にアクセスするわけではありませんので、手前に利用頻度

無印良品「オーク材薄型ラック」

の高い小物をこうしたシェルフで管理し、奥の本棚にアクセスしたいときにはシェルフ越しに手を伸ばすか、シェルフを移動するだけでことが足ります。

　無印良品の収納家具も、本棚のスペースがどうしても足りない場合、物置やベッド下のようなスペースを利用して本やコレクションを保存しておくのに利用できます。

　私の場合、44cm × 55cm × 高さ18cmのポリプロピレンのクローゼットケースを複数積み、文庫本や新書本を縦に入れて保存することで、クローゼットのなかも本棚として活用しています。

　賃貸住宅にありがちなのは、実際の服の量に比べてクローゼットが大きすぎて書斎スペースを圧迫している場合で、こうすることで空間を有効活用しているわけです。

書斎のデジタルな側面を 支えるストレージと 周辺機器

本棚のようなアナログな情報の蓄積場所について検討するのと並行して、ハイブリッドな書斎のデジタル側についても検討しておきましょう。

最も大きな要素は、あなたが蓄積するデジタル・アーカイブのためにどれだけのストレージを用意するかです。例えば音楽ならば192kbpsの解像度で1分あたりおよそ1.44MB、256kbpsで1.92MBの容量になります。これは1TB(テラバイト)で、およそ8000時間分に相当します。動画ならば、2時間前後の映画がHD画質で6GB程度。1TBあたり160本が目安になるでしょう。

電子化した書籍は次項で触れる通り、1冊あたり平均で100MB程度になります。これも、1TBで1万冊前後という水準です。これに写真をRAW形式で保存する、動画を保存するといった用途も加え、それが将来にわたって成長することを加味すると、個人でも数テラバイトのストレージをバックアップも含めて考える必要があります。

Western Digital社「WD My Book Thunderbolt Duo」6TBを
2台運用して常にデータをミラーリングしている

そこで私の場合は、パソコン本体につながっている外付けHDDとして6TBのRAIDを2基接続し、両者をミラーリングすることで二重の冗長性をもたせています。もちろん最初からこうしていたわけではなく、データが増えるにしたがってゆるやかに増設し、装置を乗り換えてきたのですが、バックアップだけでは常に万全を期しておく必要があります。

　また、そこまで容量は大きくないものの、自宅のネットワークにNAS（ネットワーク・アーカイブ・ストレージ）を配置することで家族でシェアするコンテンツ、出先から閲覧したいファイルにアクセスできるようにしてあります。

デジタル書斎で考えたい追加機器

　それに加えて意識して場所を設計したいのが、スマートフォンや、電子書籍リーダーなどといった周辺機器を充電するためのステーションです。いちいち電源タップやパソコンから給電しているのでは手間がかかりすぎますので、これは固定した場所にマルチタップのUSB電源ハブを配置することで解決します。

　予算があるならば検討したいのが、無停電電源装置です。急な停電や、瞬間停電といった事故があった際に、作業中のファイルが失われてしまうことや、ハードディスクが破損することを防げる可能性があります。最近だと特にデジタルで編集することが多い漫画家やイラストレーター、そしてプログラマーなどを中心に、決してなくしてはいけない作業を行うタイプの人のあいだでは、この投資をしていたおかげで危機をまぬがれたというケースを耳にするようになりました。

　こうした投資は、それなりの予算がかかりますので、これまでストレージについて考えたことがなかった人にとっては驚きがあるかもしれません。しかし本棚と同じように、空きスペースの限界が触れることのできる情報の限界だということを考えれば、これも段階的に増やして、成長させていきたい、もう一つの書斎なのです。

本や書類を電子化して 場所を節約する

「みんながみんなじゃありません。いまだに、その…… 本のにおい が好きな人はたくさんいます」

「におい！」ペナンブラがオウム返しに言った。「人がにおいについて 話しだしたらおしまいだよ」そう言ってにやりとし──てからすぐ、何か 思いついたらしく、目をすがめた。「おまえさんは……キンドルを持っ ていないだろうね？」

ロビン・スローン『ペナンブラ氏の24時間書店』（東京創元社）

いかに本が好きでも、悲しいことにそのすべてを置いておくわけに はいきません。

訳知り顔の人は「置いておける以上のものを手にするべきではな い」などと言うかもしれませんが、そうした人は好奇心からやってくる 渇望を知らないのです。いったん火がついた好奇心は、どうしても部 屋の大きさを越えて膨らんでいきます。

そこでここ10年で定着したのが、書籍を自分の手で背表紙を断裁 し、高速のドキュメントスキャナーを使って電子化するという手段です。 電子書籍を自分の手で作ることから、「本の自炊」と呼ぶ人もいるよう です。

この電子化の作業に必要なのは、本の背をきれいに切ることがで きる断裁機と、電子化を行うためのスキャナーだけで、初期費用で8 万円ほどかかります。安くはありませんが、増えてゆく書籍が占める場 所の問題を先取りして解決すると考えるならば、いずれは導入しなけ ればいけなくなるはずです。

私の場合、この習慣を始めた10年ほど前から累計で2000冊ほど の本を電子化し、自宅のNASストレージ（自宅のネットワーク上、あるい は認証をした端末ならどこからでもアクセスできるハードディスク）で保管するこ

とで、必要なときは自宅外からでも取り出せるようにしています。多くは
コミック、新書、文庫本など、もしものときには再度入手しやすいもの
を優先して電子化しています。

この10年で本の電子化と、その後の運用についてはベストプラク
ティスがまとまってきましたので、まとめてご紹介しましょう。

断 裁 と ス キ ャ ン

断裁機は扱いに注意が必要なものですので、安全かつ収納に困ら
ないものを選びます。

もし裁断する書類の厚さが60枚以内が多いならば、カット部分が
露出しておらず、携帯性の高いPLUS PK-213がおすすめです。しか
し、書籍のように分厚い紙を一度に裁断するなら、厚さ18mmまで対
応している「DURODEX 自炊裁断機 200DX」を利用するのがよいで
しょう。

この機種はハンドル部分を折りたたむことで縦収納が可能なうえ、
LED によるカットラインの表示ができますので、慣れてくるとどうしても
気になる本のノド部分の裁断のミリ単位の調整がラクになります。

電子化するためのドキュメントスキャナーの定番は、富士通PFU の
ScanSnap iX1500です。両面スキャンの手軽さと速度、紙送り時の

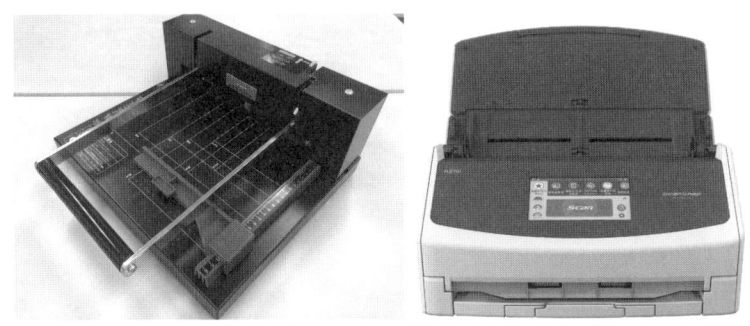
DURODEX 自炊断裁機 200DX(左)とScanSnap iX1500(右)

エラー検出、そして電子化の精度のどれをとっても、現時点でこれ以外の選択肢はありません。

　本のなかには厚さが18mm以上のものも多くありますので、その場合は大型のカッターで注意して背を二つ、三つに分割してからスキャンします。

　ScanSnap側の設定として大きなものは「読み取りモード」「カラーモード」と「ファイル形式」です。

　読み取りモードは作成するファイルの解像度で、コミックのような絵が中心の本でもスーパーファインであれば、iPhone / iPad の Retina ディスプレイでもにじみはほとんど目立ちません。

　カラーモードは、フルカラーのページをスキャンする場合には「カラー」、コミックのように白黒に近いものの階調のある本については「グレー」を、活字のみの本は「白黒」を選ぶと期待に近い仕上がりとなります。

　ファイル形式は、PDFとJPEGから選択できますが、これはPDFが主になります。コミックをJPEG画像としてスキャンし、複数ページをzipで圧縮して専用アプリで閲覧するという手段もありますが、将来にわたって閲覧することを考えるとPDFのほうが無難でしょう。

　ScanSnapにはこうした機能に加え、ページ上の文字を画像認識し

ScanSnap iX1500ではカラーモードや解像度の詳細を設定したボタンを作成できる

てPDFデータのなかに埋め込むOCR機能もあります。完全な検索性は難しくても、やっておくに越したことはありません。

作業は慣れてくれば1冊あたり約5分以内で完了します。先の項目で週に5冊を購入し、電子書籍率50%で、紙から電子化する割合が50%の人ならば年間で65冊ですので、週に1〜2冊この作業を行うだけでも、じわじわと本棚のスペースを確保することができるのです。

電子化した書類の容量と置き場所

こうして電子化した書籍の容量は、選んだ読み取りモード、カラーモードによって変化します。

ファイルはあまり大きいと保管場所を圧迫するうえ、iPhoneやiPadといったデバイスへの転送速度にも読み出し速度にも影響します。私の場合、解像度はスーパーファインで固定し、活字のみの本の場合はカラーモードを白黒に、コミックの場合はグレーという設定でスキャンしています。

こうしてスキャンされた、文庫本も、新書も、コミックも含む2000冊の平均をとると、一冊の平均は107MB、標準偏差で22MBほどになります。ざっくりと計算して、1TBのディスクに10000冊の本を保存することが可能です。

もしスマートフォンなどで持ち歩くことを念頭にこの容量を圧縮したい場合は、Adobe Acrobatの最適化機能を利用します。多少画像がにじむものの、容量にして1/4ほどに圧縮されますので、旅行に出る前に選んだ本を最適化しておくという利用方法がよいでしょう。

こうして電子化したファイルは、パソコン上で表示することもできますが、iPhone / iPad上ならばi文庫HDといったアプリを使って閲覧できます。

電子化は、紙の書籍と、販売されている電子書籍の中間の存在です。情報としての本の内容は捨てることなく、モノとしての本を捨ててどのデバイスでも読めるようにする、本というメディアの進化といってもいいのです。

ライブラリーの一部を
読み放題・視聴し放題
サービスで支える

　知的生活は出費との戦いです。ここまででも書斎の構築のための予算、デジタルな設備のための予算、あるいは知的積み上げのための長期的な出費などのように、長い目で考えているとはいえ財布の限界との厳しいせめぎあいを検討してきました。

　しかしその救いにもなるのが、Amazon の提供している Kindle Unlimited のような書籍の読み放題サービスや、Spotify、Netflix のような音楽、動画の視聴し放題サービスです。

　たとえば Kindle Unlimited には和書12万冊、洋書120万冊の書籍が登録されており、月額980円で端末にダウンロードして読むことが可能です。音楽については Spotify のような世界最大のストリーミングサービスに加え、アップルの Apple Music などがおよそ3000万〜5000万曲という膨大なカタログをもっています。

　Netflix や Amazon Prime Video といった動画の視聴サービスはこれに対して常に変化する映画やテレビ番組のセレクションを提供しているため、いつでもアクセスできるアーカイブ性は低いものの、登録されている作品については定額で見放題になっています。

　こうしたサービスは、コンテンツは購入して所有するか、図書館などで借りるしかなかった状況に、第三の選択肢を与えてくれます。

　たとえば1980年代のポップ音楽の歴史を知るために網羅的にアルバムを聴き込みたいと考えたときに、すべての CD を購入するわけにはいきません。そこで多くの楽曲については Spotify で体験して経験を深め、そのなかでも所有したいアルバムや、登録されていない希少なアルバムに限って購入することで出費をおさえられるわけです。

　注意しなければいけないのは、いかに膨大な登録数を誇っているサービスでも、やはりなかば自動的に登録を行っているためにレアな楽曲や映画などはこうしたサービスではほとんど見つからない点です。

Kindle Unlimitedも、読み放題でなければ流通しない偏った本が含まれていますので、興味のある分野の出版社がいまコンテンツを提供しているか、あらかじめチェックするのがいいでしょう。

クレジット制の洋書サービス、Audibleを利用する

洋書を読む習慣を身につけたいという人にとって便利なのが、雑誌の読み放題サービスのTextureです。上記のサービスと同様に、月額$10ほどでナショナル・ジオグラフィック、WIRED、The New Yorkerといった主要雑誌をまとめて購読することができます。

また、こちらは読み放題ではないものの、米国Audibleは洋書のオーディオブックを月に1〜4冊クレジット制で読むことができるサービスを提供しており、個別に購入するよりも安い金額になっています。同様のクレジット制は日本でも始まっており、現在日本版Audibleでも月に1クレジット、1500円分のオーディオブックを視聴可能です。

このように読み放題のサービスやクレジット型のサービスは一定時間本を読む、音楽を聴く、映画を観るといったように、コンテンツを消費することがライフスタイルの一部になっているときにはすぐに割安となりますし、実際に購入を検討するほどに重要なものを探し当てるためにも利用できるのです。

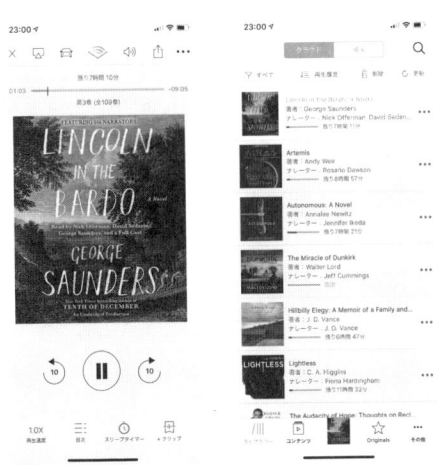

Audibleアプリで洋書を安価に入手して移動時間も読書にあてられる

デジタル情報は
分流して管理する

みなさんはテレビをつけっぱなしにして、映っている情報をなんとなく横目で見ることはあるでしょうか？　突然、気に障る番組が始まったならチャンネルを変えてしまうでしょうが、それまではチャンネルが選ぶ情報を信頼して、受動的に情報を受け取っているわけです。チャンネルを信頼できる限りにおいては、実はこれは、自分でアクティブに情報を選び出さなくてよい分だけラクな情報収集の方法です。

書斎における情報は本に手を伸ばして探さなければいけないのに対し、ウェブの情報は、テレビのチャンネルのように、向こうから情報がやってくる流れを作れれば収集するのがラクです。鍵となるのは、興味を失わない「チャンネル」を自分で作れるかどうかにあります。

RSS と SNS のリスト

そこでウェブにおける情報は、いつもチェックするウェブサイト、ブログ、ニュースサイトなどが基本的に提供している RSS を、Feedly などといった購読サービスに登録してチェックするようにします。

キュレーションサービスや SNS が人気になっても、この古典的な方法が優れているのは、情報の流れを自分の好みに分流させることができる点です。たとえば私の場合、ブログなどで扱うべき情報や、自分の興味にあわせて、「テクノロジー」「文化」「時事」といったようなカテゴリに分かれた数百のフィードを登録しています。

これをチェックしたい頻度でさらに三階層に分流させます。「必ず読む最も重要な媒体や個人」と、「ざっと目を通す媒体」、そして「表題だけを目で追って万が一の見落としがないようにする媒体」といったように、時間をかける少数の場所と、ほとんど時間をかけない多数の場所に傾斜させておきます（次ページ図）。

1日に目を通すことができる記事数は限られています。最重要の記事に20分くらいかけ、それ以外の記事の表題を10分程度で目を走らせるとして、その総数は数百から、相当慣れていても1000記事程度です。そこで登録しているRSSフィードの総数も、こうした1日に流通する記事の数に従って切り捨てる必要があります。

　Feedlyの場合、ここにカテゴリ全体に適用することができるミュートフィルターがありますので、分流した情報をさらに絞るために利用できます。たとえばアップルの製品発表会の時期にあまりに量産される関連記事をすべて削除するには、発表会の前から1週間「WWDC」といったキーワードをミュートさせ、それをテクノロジーのカテゴリに適用するといったことができるわけです。

　似たような情報の分流はSNSについても意識します。ツイッターにはリスト機能がありますし、Facebookのフレンドはあまりにノイズを多数送る人をミュートすることで情報を絞ることができます。

　よく陥る失敗は、キュレーションサービスや、SNSのトレンドでバズっている情報につい目が吸い寄せられて、そこで貴重な時間を費やしてしまうことです。話題になっているので、つい忘れてしまいますが、こうした情報は他人が用意し、バズらせた情報に過ぎません。

　本を注意深く選んで書斎に迎えるのと同じように、デジタルの情報も目的に応じて分流させて、信頼できる状態にする必要があります。

サマリーポケットと minikuraで 部屋の一部を倉庫に 追い出す

　書籍であれ、DVDのようなコレクションであれ、継続して集めていればすぐにパーソナルスペースはいっぱいになってしまいます。特に書籍についてはデジタルコンテンツになっていないものも多いため、「部屋の大きさが知的積み上げの限界」ということになりかねません。

　こうしたときに、長期的にはより大きな部屋のある部屋に引っ越すことが理想ですが、現実にはなかなか困難です。

　そこで、利用頻度が低いものについては倉庫サービスを積極的に利用して、部屋の外に追い出してゆくようにします。

　寺田倉庫が運営しているサービスminikuraは、箱に入れて送った品物を30点まで写真撮影してウェブサービス上で閲覧可能にする「モノのクラウドサービス」といってもよいサービスです。

　レギュラーボックスが38cm四方の大きさ、書籍専用のブックボックスが底が二重になっている42×29×33cmの大きさとなっており、20kgまでのものを詰めて送ることができます。送った箱をそのまま保管するminikura HAKOサービスの場合は月200円、箱の中身を30点まで写真撮影してもらい、ウェブページ上で表示させたり、オークションなどで販売したりすることも可能な minikura MONO サービスの場合は月250円が保管料となります。

　minikura と同じ寺田倉庫の仕組みを使ったサービスがサマリーポケットです。箱のサイズは minikura 同様の38cm平方のものに加え、2倍のサイズのラージボックスが存在します。

　サマリーポケットの強みはスマートフォンのアプリからデータにアクセスすることができる点で、ブックスプランについては保管した書籍のタイトルや著者の情報を自動で登録したうえで、一冊単位での取り出しが可能になっているところが違います。

倉庫サービスを10箱、1年使うと

　たとえばminikuraで書籍専用のブックボックスを利用した場合、1箱あたり撮影可能な冊数は30冊、撮影を自前で行うことにして隙間なく本を詰めるならば、1箱あたり50冊程度は保管できます。

　これを、めったに読まないものの、捨てるにしのびない本について利用して10箱分、300 〜 500冊程度を部屋のなかから追い出した場合のランニングコストは、月に2500円、年間で3万円ほどになります。

　500冊といえば本棚1個分になりますので、このコストで本棚が1つ増えていると考えてもいいでしょう。

　minikuraやサマリーポケットを使うメリットは、**所有するか捨てるかという二者択一の状況に、保管しておくという第三の選択肢を設けることができる**点です。特に書籍については、書斎で保管するか、電子書籍で購入するか、自分で断裁して電子化するかという選択肢に、「まだ惜しいので保管しておく」という選択肢が加わることになります。

　ランニングコストとしてどこまで許せるかを考慮しつつ、実際の書斎、クラウドの書斎に加えて、本が長期保管されている書庫を簡単に実現できるのです。

サマリーポケットの書籍用の箱

コワーキングスペースを 擬似書斎として使う

どうしても自宅に書斎スペースを作ることができないという場合もあります。あるいはスペースがあっても、そこでは落ち着いて仕事をすることができないということだって、家庭の事情やライフステージによってはありうるでしょう。

そんなときに利用できるのが、近年すっかり定着した訪問する仕事場、コワーキングスペースの存在です。

コワーキングスペース事業を世界的に展開しているWeWorkの場合、利用者は拠点を一つ選び、時間を予約してオンデマンドで利用する、あるいはホットデスクと呼ばれるプランで24時間いつでも共用スペースを利用して作業ができます。

価格はオンデマンドで5000円から、ホットデスクで月に5万〜7万円程度と、安くはありません。しかし高速インターネットの整備、コーヒーやビールなどと言った飲食のアメニティの提供、清掃や消耗品の入れ替えなどがすべてサービスとしてついてくることを考えれば、仕事場のために部屋を借りるよりは安いと考えることもできます。

また、WeWorkのような人気のあるコワーキングスペースの利点はそこに人脈が集まるということもあります。共有スペースにはプログラマーやデザイナー、あるいはフリーランスのライターなど、様々な職種の人々が集まっており、オンラインとは一味違ったコミュニティが形成されることで知られています。ネットによってすべてのコミュニティはオンラインに移行したように見えますが、偶然の出会いや対話によって醸成されるつながりも、なかなか可視化されないだけでこうした形で残っているのです。

東京の六本木、赤坂に存在する会員制ライブラリーのアカデミーヒルズもまた、高速インターネットやゆったりとした座席が完備された仕事空間ですが、こちらは厳選した書籍、最新の話題書などをいつで

も閲覧できるところが、まさに「訪問する書斎」のように利用できます。また、ここまで設備が完備していなくても、一日数千円で利用できるコワーキングスペースは数多く存在します。

　まさに自宅の外に「基地」をもつように、設備の整った居場所を手軽に得ることができる時代なのです。

外に基地を作るという選択

　自宅に書斎があっても、外に「基地」としての活動場所を確保しておくのは、知的生活のモチベーションを保つのにも大きな意味があります。

　前述のように、自宅の書斎を自分だけの「ねぐら」「洞穴」「籠もり穴」といったように表現して、その聖域で仕事をすることを好む作家は多くいますが、同じ数ほど、あえて人混みや街角にインスピレーションを求める人も多くいます。

　たとえばハリー・ポッターシリーズのJ.K.ローリングが、その最初の数巻をエジンバラのカフェ「エレファント・ハウス」の奥まった部屋で書いていたというのは、いまとなっては観光スポットになっているほどに有名な話です。作家のマルコム・グラッドウェルも、あえて自分が歓迎

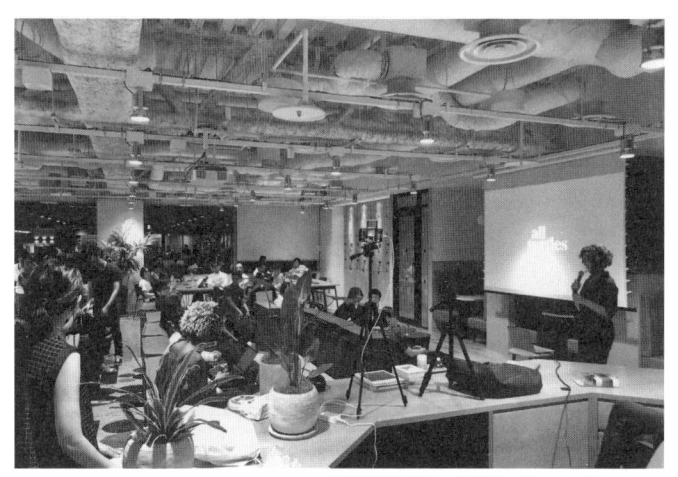

WeWorkでイベントが開催されている様子

されていないような、無線LANもない、「税金のように高い」コーヒーを出すカフェを選んで仕事をすると述懐しています。

書斎が「自分に立ち返る」ためのホームであるならば、**場所を変え、他人の視線と喧騒のなかで仕事をするのは旅をしているのと同じ効果があります**。日常の落ち着きの中で仕事をする場合と、非日常を演出して仕事をするのとの違いといえます。

クラウド上の書斎をもちこむ

コワーキングスペースを外にある書斎のように利用する場合、どうしても意識しなければいけないのは、あなたが積み上げたいと思っている活動に関係する情報はすべて持ち歩くか、クラウド上からアクセス可能にしておくことです。

せっかく仕事場を用意して、自宅でくつろいでいるのと同じように利用しているのでは意味がないからです。

これを防ぐための一種の荒療治が、外で活動をするためのパソコンを専用に用意してしまうという手段です。本業のメールアドレスは設定されておらず、娯楽のためのアプリやブックマークもすべて意識的に避けた、知的生活を意識した専用マシンを用意します。

持ち運ぶ書斎として活躍する「ひらくPCバッグnano」

仕事ごとにパソコンを持つのはいかにもぜいたくに見えますが、「外部の基地」をもつのと発想は同じです。場所を切り分けるのと同じように、触れる情報の入口も変えておくことによって「このパソコンでは好きな知的生活の活動しかしない」というショートカットを作っておくことは、整理の手間も、集中力も節約できるため、長い目でみるとメリットが大きくなります。

　行き先でパフォーマンスを発揮するには、パソコンやタブレット、モバイルバッテリーやWi-Fiルータ、ケーブル、手帳、筆記用具といった仕事用の道具をすべて入れ、担ぐだけでいつも同じ環境を持ち運ぶことができるバッグも重要です。私の場合、外ではスマートフォンとタブレットを中心にした仕事が多いので、スーパーコンシューマーの「ひらくPCバッグnano」に、出し入れする必要がないように仕事道具をひとまとまり用意してすぐに行動できるようにしてあります。

　一時期、どこでもパソコン一つで仕事をするスタイルが「ノマド＝遊牧民」という名前でもてはやされた時期があります。多くの人は「ノマド」を「どこにでも行く」という意味で捉えていましたが、実際のノマドはあてもなく放浪しているわけではありません。

　明確な目的をもって、長い歴史で決められた牧草地を巡るのが、本来のノマドです。同じように、目的に応じて仕事場を自宅に、または自宅の外に切り替えて最も心地よい環境を選択してゆくこと。これが現在のノマドといっていいのです。

未来にわたって
ハイブリッドな書斎を
維持し続ける

　かつては本やレコードといったメディアだけが置かれていた書斎に
ワープロやパソコンが導入され、やがてネットとつながることによって、
情報は書斎の外から自由に流入し、私たちの発信によって自由に出
てゆくようにもなりました。

　未来の書斎はどのように変化してゆくでしょうか。これは未来予測と
してもメディア論としても面白い題材ですが、知的生活の設計という視
点で考えるなら、「将来にわたって書斎を機能させるために注意すべ
きことはなにか」というテーマになります。

　たとえば直近で書斎に大きな変化をもたらす可能性があるのは
SECTION05でも触れるスマートスピーカーの存在です。Amazon
Echoに搭載されている人工知能エンジンのAlexaはKindle電子書
籍の読み上げにも対応していますので、将来は同じ本を画面上で、タ
ブレットやスマートフォン上で、そしてスマートスピーカーに読み上げても
らうという3通りの形で読むことが可能になるかもしれません。

　現時点ではまだまだ不便なものの、将来的に有望なのはVR技術
です。たとえばケーブルがつながっていないOculus GoのようなVR
ヘッドセットは直接NetflixやYouTubeといった動画を視聴することが
できますし、ブラウザ上でePubファイルを表示させるBiB/iのような技
術（https://bibi.epub.link/）を通して本を読むことも可能になりつつあ
ります。

　VRヘッドセットはどのような体勢をとっていても視界にコンテンツが
広がりますので、椅子に体をあずけて動画を追うのに最近では欠かせ
ません。

　将来的にはVRヘッドセットだけではなく、現実の上に情報を重ね
るAR（拡張現実）の技術も発展してくることでしょう。挿絵や地図と
いった本に付随した情報を視界のなかに同時に表示させながら読書

するといったことも可能になるかもしれません。

　そうした未来の変化に敏感であり続けるためにも、紙の本やメディアだけに固執するのではなく、それとデジタルなメディアとのバランスを取り続けることが、しばらくのあいだは必要になるはずです。

　ですので、1年に一度でいいので、所有している本の数を紙の本とデジタルの本で計算して、将来にわたる収納力を確保するために調整すべき点がないかをチェックするのは重要な視点です。また、「既存のファイルを読むための新しい技術が生まれていないか」についても、常に目を光らせておきましょう。

　歴史にしっかりと根を下ろしつつ次の一歩を模索することが、ハイブリッドな書斎が将来にわたって時代遅れにならないために必要な態度なのです。

記録とインプットと
アウトプットの
ツール戦略を決めておく

みなさんの七つ道具はなんでしょうか?

ここまで私たちは書斎やストレージ、個別のサービスやサイトについて考えてきましたが、それらを総合して、「日常で利用するツール」は意識して決めておくとよいでしょう。

ツールには大きく分けて、思いついた考え事やアイデアを記録するための「キャプチャー」のツール、情報を外部から入力するための「インプット」のツール、そしてそれを発信する準備のための「アウトプット」のツールがあります。

そしてそれぞれについて、アナログのツールか、スマートフォンのなかにあるデジタルなツールを考えることができます。たとえば私のツールは以下のようになっています。

①キャプチャーのツール

アナログのツールとして、私はふだんユビキタス・キャプチャー（strategy35）を行うためのモレスキン・ノートブック（ポケットサイズ）を利

キャプチャーの主力アプリ
Evernote（左）とPocket（右）

用していますが、すばやく断片的な情報をメモするためにはロディアメモをいつも持ち歩いています。

ロディアメモはすばやくメモしてちぎり、ノートに貼り付けたり、スマートフォンで撮影してEvernoteに送信することも可能ですが、まずは思いついたことを高速で書き留めることができる速記性がなによりも重要なのです。

デジタルなツールとしては、写真を撮影し、音声メモを取るためにEvernoteを利用し、ウェブページやSNSの投稿をあとで利用するために保存するのにはPocketを利用しています。Pocketに保存された情報は基本的に「あとで読む」ためのもので、もし必要がなくなったらPocket内でアーカイブされますが、重要なものならばEvernoteに転送されます。

②インプットのツール

インプットのツールは、いつでも情報を入手することができるように持ち歩くものです。アナログなものはもちろん、常にカバンのなかに入れて持ち歩く1冊か2冊の本になります。

この「常に持ち歩く」という習慣は重要で、立ち止まっている数分間や、待ち時間といった細かい時間も読書時間に変えて積み上げることができます。

大量の情報のインプットに使うアプリReeder

出先でもウェブの情報に目を通すために使っているのは私の場合、iOS ／ macOS の優秀な RSS アプリ、Reeder です。Reeder は任意の RSS サービスに接続して利用するものですので、私の場合は Feedly と Feedbin サービスを使って数百のフィードを Reeder 内に束ねて目を通しています。

③アウトプットツール

　まとまった記事を執筆する、論文の構成を考えるといったときのために持ち歩くツールもあります。これがアウトプットのツールです。

　私の場合は断片化された情報をいくつも頭のなかから追い出してしまわないといけない場合は情報カードを利用しますが、原稿の下書きやシノプシスを書くのにはリーガルパッドを使っています。目に優しい黄色の紙のうえに構成をすばやく書き込み、ページをちぎって保管するだけで、実際に執筆するときの下書きのように機能します。

　デジタルなアウトプットツールとしては、Markdown 形式で原稿を書くことができる Ulysses というエディタツールを利用します。Ulysses で書いた文章はそこから docx 形式にすることも、WordPress のブログに投稿することもできますので、書いてから発信するまでの手間が大幅に減ります。

文章を Markdown で執筆して Word 形式にもブログにもできる Ulysses

情報整理と
情報発信の戦略

情報に触れるだけではなく、それを
あなたの「考え」に高める方法を解説します。
それを贈り物のように
誰かに情報発信で届けましょう。

フロー情報を
ストック情報にする、
情報整理のツールの選び方

　ここまで「知的生活の積み上げを設計する」「そのための環境を設計する」というお話をしてきました。このSECTIONでは、こうして集められた情報をどのように整理し、発信してゆくかという話題についてご紹介します。まずは前半、情報の整理についてです。

　そもそも、情報が整理されているというのは、どのような状態でしょうか？　机の上が整理されている、書類が整理されているといったように、物が整っている状態はイメージしやすいですが、デジタルなものを含む情報についてはどのように考えればいいのでしょう。

　梅棹忠夫氏は『知的生産の技術』で整理と整頓とは違うものだという点に言及して、整理されているというのはものが綺麗に片付いていることではなく「**必要なものが必要なときに取り出せるようになっている**」**状態**だと指摘しています。

　「必要なときに取り出す」ために、かつては新聞の切り抜きをファイルキャビネットに分類して整理し、テーマごとにノートを作成して記録を取るといったことが行われていたわけです。

　しかし情報の大半がオンラインで検索できるようになり、私たちがもっている情報の多くがデジタルになったいま、この「必要なときに取り出せる」の意味はもう一段階抽象的になっています。

　情報それ自体は検索がラクなので、失わないように注意しなければいけないのは、**むしろ私たちが情報から受けた印象や、その結果生まれた「考え」**なのです。

フローがストックになる瞬間のために整理する

　私の専門は北半球、特に北極周辺の気候学ですので、その地域の低気圧や、海の氷、そして気温の変動といった情報についてはふ

だんから注意して目を光らせています。珍しい現象や、理由がわからない変動をデータ上から見つけた際には、その都度研究ノートにメモを取り、そのときに思いついた仮説を残しておきます。

しかしこうした書き付けのほとんどは、「考え」というところまで結晶していない、考えの芽のようなものです。ほとんどの仮説は曖昧すぎるか、そのときにしか適用できない一過性のものか、単純に間違っているものばかりです。

それでも毎回現象を見つけては仮説を立てているうちに「これは何度か見たことがあるぞ」というものが出てきます。完全に同じではないのですが、そこはかとない共通点のようなものが見えてくるのです。これが、情報が「考え」に一歩近づく瞬間です。

ここでいう「考え」は単なる思いつきではなく、情報に触れた結果生まれた、あなただからこそ見つけられた新しいものの見方や、感興のことを指します。いわば、自分をフィルターのようにして情報を濾し取った結果生まれた新しい情報です。

この一段階レベルがあがった「考え」には、一足とびには到達できません。**情報が、ただ流れてゆく「フロー情報」の状態から、繰り返し適用可能な知識や、経験という「ストック情報」になるには、それなりに蓄積が必要になる**のです。

フロー状態にある情報が、いつストック情報になるのかはあらかじめわかりません。だからこそ、過ぎ去った情報をもう一度引き出して参照できるように整理しておく必要があるのです。

情報整理ツールの種類と得手不得手

こうした情報整理を実現するためのツールや手法には様々な流儀があります。すべてをノートにまとめる人もいれば、Evernote のようなデジタルツールを活用するという人もいるでしょう。そこには大きく分けて、「時系列の記録か、断片の収集か」という軸と「検索性が高いか低いか」という軸があります。

①時系列の記録か、断片の収集か

たとえば私の研究ノートや、読書ノート、観察記録といったものならば、知的な積み上げを行うたびに順にそれを書き残してゆけばいいので、「時系列にそった記録方法」になります。一方、時系列で並べておくとつながりが見えにくいという場合には、情報カードのように「順序や並べ方が自由な記録方法」を選びます。

コンピューターの用語で言うならば時系列の記録をシーケンシャル、カードのような記録方法をランダムアクセスなどといいます。

この二つはどちらが優れているというわけではなく、いま捉えたいと思っている「考え」しだいでその都度変わります。普段はノートで記録をし、いざそれを書籍にまとめる段階でカードを利用するといった使い分けも行われます。

②検索性が高いか低いか

これはいまだと「デジタル」なのか「アナログ」なのかという違いになります。書かれた内容が簡単にパソコン上で検索可能であることは、情報量が膨大になったときに効果を発揮します。

しかし検索性が高いということは、メモに描かれたイラストやポンチ絵といったような、印象を書き付けた情報を最初から除外してしまうことにもつながります。検索性の高いデジタルツールが、机の上に並べた紙の資料に比べて自由度が低いということもあるのです。

あるいは、あなたが知的積み上げとして集めている情報が写真であったり、手で作った作品であったりといった場合のように、そもそも検索できないものであるケースもあります。

この二つの軸を実際のツールやアプリに合わせて図にすると、次のページのようになります。シーケンシャルかランダムアクセスかという違いと、検索性が高いか低いかによって、代表的なツールにそれぞれの利点、欠点があることがわかります。

こうして分類すると「どれを使うのが正解か」という発想に陥りがちですが、実は複数を使うことがほとんどですし、ときには全部を使うこ

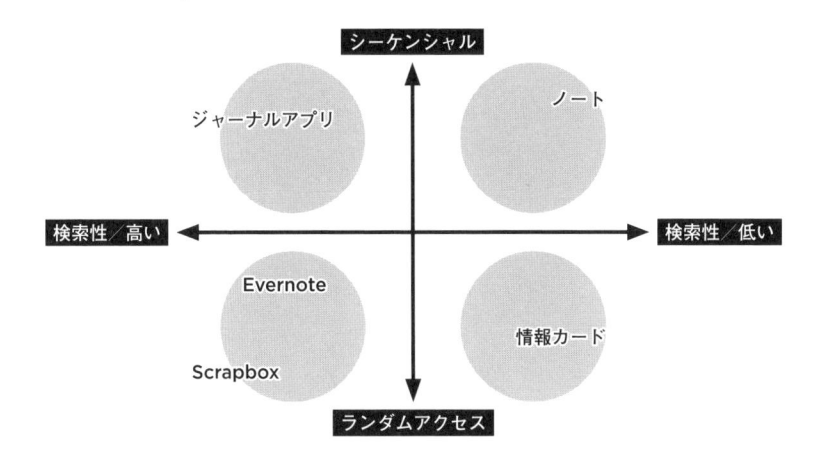

とだってありえます。

　たとえばウェブの情報はEvernoteのようなブラウザに直結したツールが最も記録しやすく、日々の読書の印象を積み上げるには紙のノートが最もラクなのでその両方を使うのはごく自然な選択です。

　スマートフォンでの記録にはジャーナルアプリやカメラを使い、そこはかとない印象をブログ記事や本にまとめようとする際には他のツールから情報カードに場を移すのが性に合っているということだってあるでしょう。

　まずはこの4種類のツールを実際に使ってみることをおすすめします。そのうえで、どの情報をどのツールで捉えるのかを決めていきましょう。貴重な「考え」が生まれたとき、どこでそれを忘れないようにするのかをあらかじめ決めておくことが「情報整理の設計」なのです。

strategy 34

情報をゆるやかにまとめる
ハッシュタグ整理法

どのような情報整理のツールを使うのであれ、最も大事な原則として覚えておきたいのが**たとえ自分の考えであっても、それを簡単には形にはできない**という点です。これはどんなツールを使おうとも、注意をしてメモをとっていても、避けようがありません。

たとえば読書をしていて「なんと、そういうことだったか!」と、いかにもその本の本質がつかめたような気持ちでメモをすることがよくあります。しかしあとになってそのメモを見返すと、いかにも根拠が薄弱であったり、表面的で特徴のない感想でしかないものしか捉えられていなかったりすることが多いはずです。

そうしたとき、時間が経ってから「このメモはこういうことだったのか」と振り返り、他の部分との対比のなかで捉えなおすことで、もっている印象は深まります。その場の印象が、「考え」に向かって一歩近づいてゆくのです。

しかしこうした振り返りのたびにすべてのメモを最初から最後まで読むのは面倒です。また、とったメモに対してゆるやかな分類を行うことで、共通点を洗い出しやすくしたいという場面もあります。そのために、メモ自体に意味付けを行う書き込みをしておくといいでしょう。

意味付けというとわかりにくいかもしれませんが、ふだんツイッターなどを見ている人は、それが「ハッシュタグ」のようなものだと意識するとわかりやすいかもしれません。

「〇〇〇〇〇〇〇〇〇〇〇〇〇〇〇〇〇〇〇 #感想 #ピンチョン」

といったツイートがあった場合、見た人はつぶやきの内容を読まずともそれが「感想」であることと、「トマス・ピンチョン」に関するものであることが把握できます。こうしたハッシュタグは情報についての情報

ですので、メタ情報などとも呼ばれています。デジタルカメラの写真に日付や位置情報があるのと同じで、メモにもメタ情報をつけることで情報は扱いやすくなるのです。

ツイッターのハッシュタグはもともと膨大なツイートのなかから共通の話題を束ねるためにユーザーが自発的に使いはじめたもので、現代のニーズから生まれた新しい情報整理の方法です。

ノートや情報カード、そしてデジタルツールのなかの情報も、ハッシュタグによってゆるやかにメタ情報を記述することで整理することが可能なのです。

分類するよりも、集合でまとめる

ハッシュタグは新しい分類の手法と捉えることもできます。たとえば古典的な分類法では情報はそれぞれ排他的に分かれた分類の上下構造のなかに配置されていきます。しかしこの方法は、分類自体がゆるやかに変わっているときにむしろ混乱を生んでしまいます。

たとえばスマートフォンがまだiPhoneだけだった頃は、iPhoneというフォルダに関連するすべての情報を入れていたかもしれません。しかしその後Androidが生まれ、両者に共通する「スマートフォン」という用語が生まれ、さらに新しい種類のデバイスが登場するたびに、当初

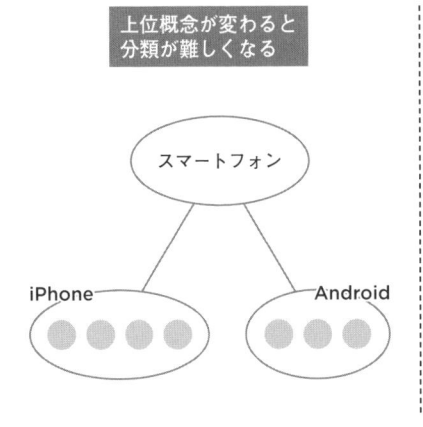

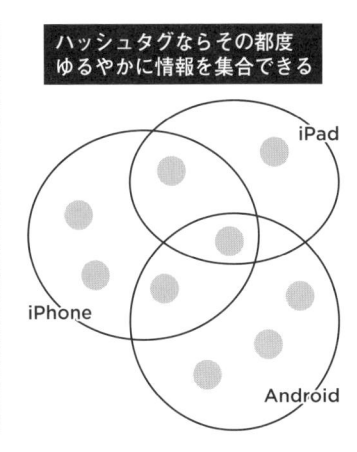

の分類は意味が曖昧になり、扱いづらいものになってしまいます。あとから上位構造が生まれることほど、分類にとってやっかいなものもないのです。

そこでハッシュタグ的な整理方法を使えば、こうした変化にゆるやかに対応できます。ハッシュタグは分類ではなく、集合に名前を与えているだけですから、その都度、本質を最も言い当てているタグを割り当てればいいのです。

そうして考えると、様々な情報にこのハッシュタグ的な扱いを行うと便利だということがわかります。

たとえば私は、読んだ小説が神話や伝説などの類型にあてはまるときに、そのメモに「#行きて帰りし物語」や「#父殺しの物語」といったハッシュタグを付けておき、あとで目録を作ってみるということをしています。そうすると、ファンタジーと推理小説や、現代文学などといったもののなかに共通点を見つけて、考え込むことがしばしばです。

ハッシュタグ整理法とは、なんと呼べばいいのかわからなかったものに名前を与えて束ねる手法といってもよいでしょう。そしてこうして束ねた情報のなかから、貴重な「考え」を抽出しやすくするテクニックでもあるのです。

パソコンのなかでも使えるタグ機能

実はこうした「タグ」の機能は、最近のパソコンではOSの機能として搭載されていますし、多くのウェブサービスで利用可能なものです。

macOSにはファイル単位でタグと色を設定する方法があり、関連している書類をクリック一つで束ねて表示することができます。メールソフトも、写真管理サービスでも、その多くがタグ機能に対応しています。

使いはじめの頃は、こうしたタグを「仕事」「家庭」「重要」といったようにわかりやすい分類だけで利用することになるでしょう。

これをさらに積極的に「地名」のタグ（たとえば「東京」「横須賀」など）をつけることで特定の場所だけに関わる情報を、「話題」のタグ（たとえば「ライフハック」「映画」など）を設定するだけで特定の話題だけ

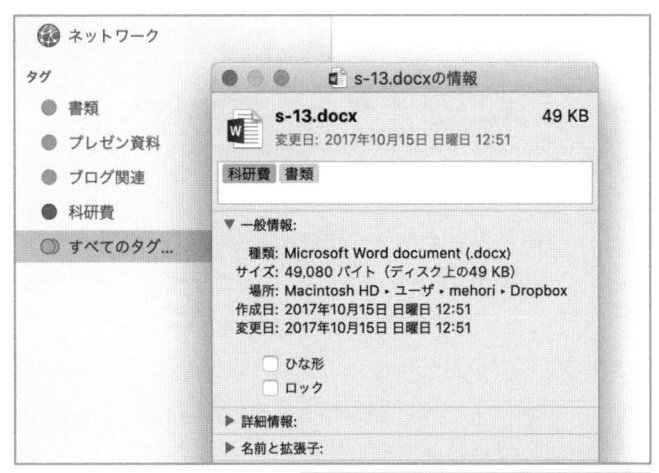

macOS上のファイルをタグ機能で整理する

の集合を作ることが可能になります。

　こうした考え方は、ノートや情報カードに適用して検索性を高めるためにも使えます。ノートを付けたあとで、簡単なタグを記入してその索引を作るだけでも、アナログなノートのなかの情報をすべて読み返さなくても内容をゆるやかに束ねて吟味することができます。

　このように考えると、私たちが追い求めている知的な積み上げもまた、一つのハッシュタグだと考えることができます。一人だけで作って、ゆっくりと成長させてゆく、自分だけが知っている情報のジャンルといってもいいのです。

記憶を記録に変える ノート術と、ユビキタス・ キャプチャーの習慣

　昔、私が創作活動のための準備をしていた頃、登場人物や舞台設定などの細かい情報をどのようにしてまとめればいいのかという悩みをもっていたことがありました。それなりの量があるので、ルーズリーフに書き出してページを入れ替え可能にすればいいだろうか、それともノートを10ページずつに区切って埋めていけばいいのかといったように試行錯誤をしていたわけです。

　結局落ち着いたのは、なにかを思いつくたびに、番号を入れながら時系列順にそれを書いてゆくという方法でした。もし変化した部分や補強した部分があってそれをあとで書き出す場合は、あとの項目と元の項目の番号同士を互いに参照させるという工夫はしていましたが、基本的には思いつくままに書き、構造はあとから自然に見えてくると信じていました。

　それから何年も経ちましたが、いまだに私はこの方法を踏襲してノートや手帳に向き合っています。書いているときは、取り憑かれたようにひたすら書きますが、そこにつながりや構造が見えてくるのは、思考の火照りが冷め、私の気持ちと書かれたもののあいだに、少し距離が生まれてからなのです。

　自分自身の内側からあふれてくる情報は、整理するよりも、時系列のなかで蓄積していくほうが向いています。そのために使うのはノートが最適と言っていいでしょう。

ノートに必ず必要な要素

　私たちは、学校での勉強や、会社での会議でノートをとるという経験が強いために、ノートというものは「事実を感情抜きにわかりやすく書き留めるためのもの」と思いがちです。しかし知的生活の積み上げ

のノートには、ここに「自分」「私情」が入り込む必要があります。そしてそれは多くの人が苦手としているところです。

　写真を撮影したときに、あとで振り返ってそれがどこで撮影したものか、映っている場所や状況がまったく思い出せないということがあると思いますが、これは写真の映像には、いつ、どこで、誰といっしょに撮影したかといった文脈＝コンテキストがないからです。

　同様のコンテキストを、ノートの書き込みに対しても行います。たとえば読書の積み上げを行っているとして、その日に読んだ内容を忘れないように書き留めたときに、内容についてまとめるだけではなく、もう一歩踏み込んで、なぜその箇所が気になったのかというコメントを追加しておきます。いわば「自分」を、そこに遺しておくわけです。

　こうした蓄積は読書に限りません。観た映画でわいた違和感、たまたま発見した音楽と別の曲とのあいだに感じた共通点、ワインの値段と美味しさの関係といったようなものも、印象が消える前にノートに蓄積することで、あとで生まれてくるつながりや発見から大きな収穫が期待できます。

　ノートには様々なとり方があって、ノート術についての書籍も数多くあります。しかし「知的積み上げ」を意識するならば、最低限でも、1. 書き込んだ日付、2. 短いタイトル、3. ページ番号が必要です。

　あとは他の項目から飛んできた内容ならば「p.17→」といったよう

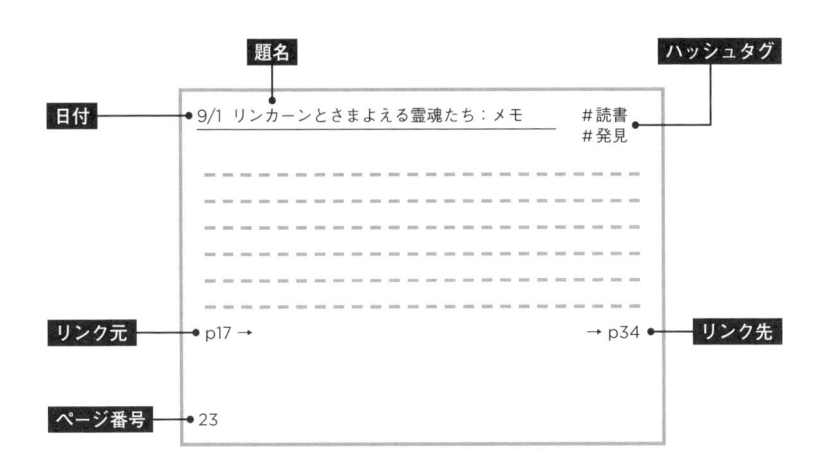

に、そしてどこか他の項目に関連項目が存在するようなら「→ p.34」といったようにリンクを書き込んでおきます。

最後に「ハッシュタグ整理法」をあとで可能にするための、タグを書き込む隙間を用意しておきます。これはたとえばページの端に色付けをしたり、付箋を貼ったりといったように、自由な形式でよいでしょう。もし頻度の高いタグが出てきたならば、ノートの最後のページを使って索引を作ります。これだけで、ノートの検索性はかなり高まりますし、なかに隠れている構造を見出しやすくなります。

ユビキタス・キャプチャーの習慣

そして大事なのは、このノートをどこでも持ち歩いて、書き続けることです。初めは大事なことだけを書き留めようなどと身構えてしまいがちですが、まずそうした思い込みを外すためにも、起こった出来事と、感じた出来事をなるべく多く記録してゆくようにします。

いわば、記憶をすべて記録に変えてしまうこの方法を、私はすべて（ユビキタス）をキャプチャーすることから「ユビキタス・キャプチャー」の習慣と呼んでいます。「すべてを記録する」などというと大げさだと思われるかもしれませんが、意識しなければいったい今日誰と会話し、どんな情報と出会い、どのような印象をもって一日を過ごしたのか、私たちはすべて忘れがちです。そうした失われがちなディテールを日常からサルベージするために、こうしたノートのとり方を行うのです。

作家の井上光晴氏がこれと似た方法を『小説の書き方』（新潮社）のなかで「練習ノートABC」という名前で紹介しています。ノートＡは日記のように日々の出来事を書き、ノートＢにはその日に読んだ記事や本の内容をまとめ、そしてノートＣにはまったくの作り話をひたすら書いていきます。そうして日常の出来事と考え事をまずノートに捉えたうえで、それを創造的に捻じ曲げてゆくことで、創作する視点を養っていくわけです。

これと同じで、記憶しているつもりで忘れていること、記録しているつもりでディテールがまるで足りていないこと、そしてなによりも自分が

どのように感じたかという、他の誰にも生み出せない情報をノートのなかに蓄積させていきます。

　こうして記憶と記録の粒度を高めるところから、あなたの知的生活の積み上げがよりはっきりと見えてくるようになるのです。

■コラム：「感情を記録」して時間を巻き戻す

何があったか、何を感じたかを記録するのが習慣として身についたら、その応用として「感情を記録する」ことに挑戦してみましょう。たとえば嬉しい悲しいといった感情にも、激しさや、そのきっかけや、表現の仕方にはバリエーションがあります。そのとき思い浮かべた心のなかの風景や、心の奥底にひそんでいる気持ちの根源的な理由に至るまで、まるで小説のワンシーンのように自分の感情を捉えてみましょう。

たとえば私は何気ない、生まれたばかりの子どもと添い寝をしていたときの気持ちや、そのとき吹き抜けていた夏のそよかぜについての記述を数ページにわたって書いているページなどがモレスキンにはあります。そうした記述をあとで振り返れば、まるで記憶を再生しているように、時間を巻き戻すことが可能になるのです。

strategy 36

断片からゆるやかに「考え」へと到達する情報カードの使い方

「素晴らしいひとときや洞察、空想や言い回しがひらめいたのに、たしかにそれを手にしていたのに、それを失う以上に悪いことなど考えられない。だから私は、カードを使うのだ」

作家のアン・ラモットはその人生観と執筆方法について綴った『ひとつずつ、ひとつずつ』（パンローリング）に書いている通り、どこにでもカードとペンを持ち歩き、思いつく限りの考えの断片を書き留めます。それはほとんど忘却に対する戦いといってもいいほどです。

彼女のように、創作や仕事においてカードを使う人は数多くいます。しかしその認知度は、その歴史の古さのわりにはまだまだ高くないようです。

梅棹忠夫氏は『知的生産の技術』において1章をまるごと「カード」にあてて解説を行っています。そのエッセンスは：

1. **忘れるために書くこと**：カードに書かれた考え事や情報は安心して忘れてしまいます。カードは忘却のための装置として使います。
2. **一枚につき一項目**：たとえ内容が一行であってもかまわないので、カードにはそのときの考えをひとつだけ書き込み、考えが互いに混じらないようにしておきます。
3. **分類が目的ではない**：カードは分類して保存しておくためではなく、それを並び替えて、新しい考えを刺激するために利用します。

となっています。時系列に沿って書くノートとは異なり、カードはまだまとまりのない考えの断片を捉えるのに向いたツールなのです。

様々なデジタルツールが生まれたにもかかわらず、いまだに「どこにでも持ち歩ける」「自由に並び替えることができる」という自由度の点でカードにまさるものはありません。

カードの書き方と整理法

　現在売られている情報カードの代表的なものは、いわゆる「京大式」のB6サイズのカード（横182mm × 高さ128mm）と、海外でインデックス・カードと呼ばれる5×3インチの小型のものです。

　B6カードは机の上で作業をする場合に向いていて、インデックス・カードは持ち歩いて小さなメモをとるのにすぐれています。字の大きさにもよりますが、カードいっぱいに字を埋めたとしてB6カードは約300字、インデックス・カードは140字程度になります。

　ここまで埋めることは珍しく、たいていは半分ほど記入した時点で「一つの項目」を記録する用は足りるはずですが、やはりふだん利用するにはB6カードのほうが紙面に余裕があるのでおすすめです。

　カードの書き方は自由ですが、それでもあとで活用するために守るとよいルールはいくつかあります。

　まずカードには必ず一つのタイトルを記入します。これは他のカードとそのカードを区別するためのものですので、なるべく固有の名前をつけます。複数のカードの内容がつながっているならば「1/4」などといったように番号を振る方法もあります。

　また、カードには必ず日付も書いておきます。時系列に書かれているノートと違って、カードの新旧はカード自体に書かれていなければわ

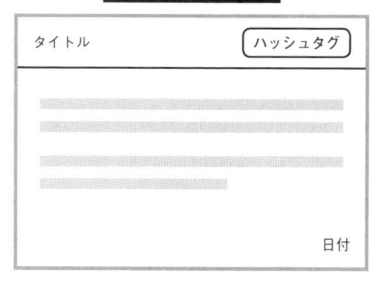

からなくなるからです。

コクヨの情報カードがカード全体を利用するのに対して、コレクトなどで販売されている京大式カードは左側の縦罫線を利用して簡単な見出しを記入することも可能です。たとえば引用部分と、書誌情報の部分などがある際には、こうした見出しをつけるとよいでしょう。

タイトル部分の反対側には、このカードに対するゆるやかな意味付けを行うためのタグを記入します。このとき文字を色分けして見やすくするのもよいでしょう。

ウンベルト・エーコは文献に忠実な学者の立場で書かれた『論文作法』（而立書房）で、カードの役割についても表示をすべきだと指摘しています。たとえば書籍の重要な点を抜き出した「引用カード」は、情報と情報のつながりについて書かれた「連結のカード」とは見た目を変えておくことで、これが枝分かれする情報の葉にあたるのか、それとも葉と葉をつなぐ枝にあたるのかを明示するわけです。

カードの中身が「考え」になる瞬間

カードを使いはじめたときにありがちな失敗は、たとえば読んでいる本のなかにあるすべての情報をカード化しようとしてしまい、あまりの手間に行き詰まってしまうことです。

慣れてくるに従って、どの部分をカード化すればよいのかは見えてくるようになりますが、最初はたとえば1冊の本を1枚のカードに、あるいは映画1本の感想を1枚のカードで書き留めるほどの密度で始めるのでよいでしょう。

しだいに求める情報の解像度が上がってくると、章ごとに数枚、ある映画の異なる側面について数枚といったように、注目している場所を要素に分けることができるようになってきます。カードは、こうしてロジカルに思考を原子化してゆく訓練にもなります。

最初の100枚ほどは、カードの蓄積はほとんどつながりを生み出しません。やっていてこれは無意味なのではないかと思うほど、根気を必要とするはずです。そこで、いま地道に集めている情報があるなら

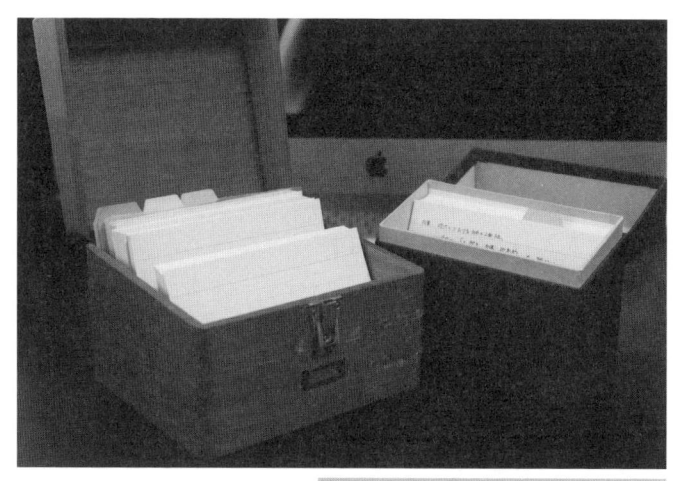

情報カードケースで大量のカードを管理する

ば、数百枚程度は常に繰ることができるように専用ケースを利用して情報の蓄積を行います。

　カードの蓄積が輝きはじめるのは、カードにとったことを忘れてしまい、あとで何気なくカードを繰っているときに、偶然のつながりを見つけはじめる頃からです。

　もやもやとして、最初は形がわからなかった考えが、複数のカードのつながりによってしだいに明らかになってくるわけです。

　こうしたつながりが見えたならば、それ自体も1つのカードとして書き出します。「目録カード」とでもいうべきこのカードは、次の、さらに大きなつながりを生み出してゆくための足がかりになります。

　個々のカードが調理前の原材料だとするならば、目録のカードは一段階調理が進んだ、あなただけの考えが生み出される現場といってもよい重要なカードです。

　こうして日々の情報から受ける刺激をゆるやかに構造化できるところが、カードを使う最大の理由なのです。

Evernoteを知的生活ツールとして使うためのコツ

　書籍の感想や日々の考え事ならノートや情報カードに保存するのがスピーディですが、ウェブ上の情報はそれに向いたサービスで捉えるほうが自然です。そのための定番ツールがEvernoteです。

　Evernoteを簡単に説明すると、ウェブページをボタン一つで保存したり、テキスト、画像、添付ファイルや音声も含めたメモを作成できたりするサービスです。作成した情報はクラウド上に保存され、スマートフォンやタブレットを含むすべての端末に同期できますし、画像内の文字認識を行うことも、機械学習を応用して関連する情報を表示させることも可能になります。Evernoteはいわばウェブ時代の情報カードといってもよいサービスなのです。

Evernoteを最速で理解する

　Evernoteを最速で理解するには、まずブラウザにインストールするEvernoteウェブクリッパーを利用するのがいいでしょう。気になるウェブページがあったら、ブラウザ上のアイコンをクリックするだけでページ全体を、あるいは選択部分をEvernoteに保存することが可能です。

　こうした情報は即座にクラウド上で同期されますので、書斎に戻らなければ、あるいは職場に戻らなければ情報を引き出せないということがなくなります。情報の「置き場所」という概念を消し去ったのが、Evernoteの最大の功績といってもいいかもしれません。

　Evernoteで理解すべきもう一つの要点は、その情報の整理の仕方です。クリップされたウェブページや、自分で作成した情報は「ノート」という単位で保存され、すべてのノートはなんらかの「ノートブック」に保存されています。いわば紙のノートのページが、Evernoteの「ノート」に相当していることになります。

Evernoteを知的生活ツールとして使う

しかしそのEvernoteにも多少の問題があります。情報を入力するのがあまりに簡単なために、意識せずに使っているとEvernoteのなかに利用価値の低い情報がたまってしまい、本当に活用したい情報を探すのが難しくなってきます。知的積み上げの最大の敵といってよい、「蓄積した情報量に押しつぶされる」という状況が発生してしまうのです。

これを避けるためのポイントとして「情報の一時置き場のノートブック」と「価値のある情報が蓄積するノートブック」を明確に分けて、二つが混じらないようにする点です。ふだんは興味の赴くままにウェブの情報をクリッピングして、情報の鮮度の高い「一時置き場」に保管し、そのなかでも繰り返し利用するものをテーマ性の高い「蓄積用ノートブック」に移すという運用方法です。

この方法を一段階進めた方法として、私はEvernoteのアカウントを二つ利用して、片方を"情報収集用"として運用し、重要なノートだけを"アーカイブ"として運用しているもう一つのアカウントに移動するということも行っています。

複数のEvernoteアカウントを切り替えて利用する

こうすることで、本当に重要な情報を蓄積している場所のノイズをなるべく低く保つことが可能になります。

 ## 必要な情報をどんどんと追記する

Evernote のノートが他の類似のサービスに比べて強力なのは、テキスト、画像、添付ファイルなどといった情報を混在させることができる点です。ノートの容量上限は、有料の Evernote プレミアムで 200MB もありますので、ファイルの置き場としても使えますし、画像を何十枚も置きつつそれに対する解説を追加していける場所にもなりますし、情報をその都度追記してゆく場所としても利用できます。

たとえば論文ならば、論文そのものの PDF ファイル、それについてのメモ、関連する情報といったものをすべて一つのノートに書き込むことができるわけです。ノートにはノート同士をハイパーリンクさせる機能もありますので、複数のノートの情報を束ねた索引ノートを作ることも可能になります。

およそ、紙のノートや情報カードで可能なことの多くは、Evernote でも可能か、より洗練された形で実現できるはずです。

 ## 情報が勝手に整理されてゆくようにする

情報カードを作る目的が「整理すること」ではなかったように、Evernote のノートも、ノートブックのなかにゆるやかに整理する以外は、順序や階層はそこまで気にする必要はありません。十分な情報がノート自身のなかにあるならば、タグ機能と、検索機能を利用して絞り込むことができるからです。

ここで意識して整備しておきたいのが、保存した検索条件です。これは特定のノートブックや、キーワード、タグ、あるいは日付といった検索条件に名前をつけて保存しておく機能で、いわば情報の網を作っているようなものです。

たとえば私の偽引用句コレクションを調べたいならば、引用句を集

いつも利用する情報を「保存した検索条件」として表現する

めているノートブック内で「偽引用句（misattributed）」というタグを絞り込めば、これまでの成果を一望することができます。この保存した検索条件に「アインシュタイン」と文字列を追加すれば、アインシュタインの偽引用句がすぐに集められるといった具合に、情報の集合を気ままに作ることができます。

　もし検索に引っ掛からないノートを見つけた場合には、保存した検索条件を意識してノートに追記することも行います。たとえば「偽引用句」というタグはつけていたものの、人名をノート中に書いていなかったといったような場合は、追記して次に検索するときには見つかるようにします。

　詳細な分類をあらかじめ行わなくても、ふだんからタグづけとノート内への簡単な追記を心がけるだけで、保存された検索のなかに情報は自然に蓄積し、探しやすくなります。

　知的生産ツールとしてEvernoteを利用する一番の理由が、この「情報を預けて最低限の追記をしておけば、勝手に情報が見つかりやすくなる」という特徴なのです。

思考を保存することが できる新感覚のツール、 Scrapbox

ウェブ上の百科事典 Wikipedia は、いま私たちがアクセスすることのできる最大の知識のネットワークです。その規模は2018年現在、303言語で4000万を超える記事によって支えられており、大勢の編集者の努力によって日々新たに書き加えられ、更新されています。

Wikipedia ほどではなくても、自分の頭のなかにある知識のネットワークを外に追い出すことができれば、思考のツールとしてとても魅力的です。私たちが短期記憶のなかで保持できる情報は心理学者ジョージ・ミラーの先駆的な研究で7±2個程度であることが知られており、それ以上に複雑な情報は、一時的に外部に貯蔵（キャッシュ）しなければいけないからです。

こうした目的のために Evernote を使うのは向いていません。Evernote は単体の情報を保存するのには便利なツールですが、ある情報と別の情報のあいだの関連性を整理する機能は弱いからです。

そこで近年人気が高まっているのが、簡単な記法でメモとメモをリンクしてゆくことができる情報整理サービス Scrapbox です。

 ## リンクできるメモ、Scrapbox

Scrapbox では「ページ」という単位でテキストや画像を保存することができます。太字、斜体、箇条書きといったようにふつうのテキストエディタやブログのような整形だけでなく、理数系の情報の記述には必須の数式の挿入も可能になっています。

しかし Scrapbox の最大の特徴は、カギ括弧あるいはハッシュタグ形式で行う、ページとページとのあいだのリンクです。たとえばあるページで「リンゴ」というリンクを、まだリンク先のページが存在しないのに書いたとしても、自動的に「リンゴ」というページが準備され、リ

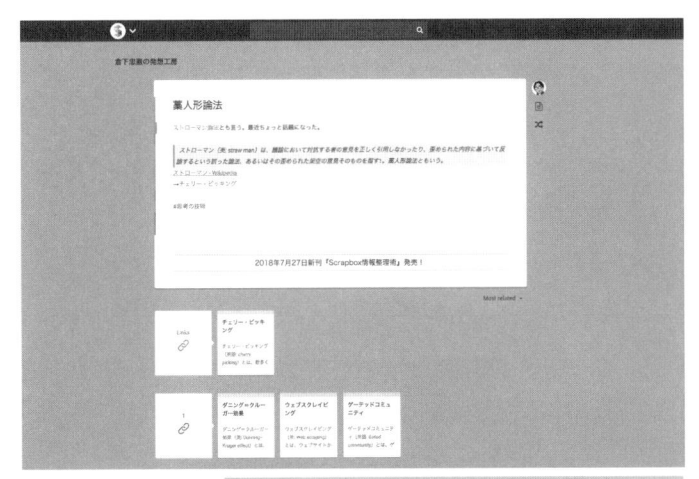

「Scrapbox情報整理術」の著者、倉下忠憲氏のノート。
下にリンク先のページと、関連ページの一覧が表示されている

ンク関係が画面下部に表示されます。これは Wikipedia を支えている Wiki という技術と似た仕組みになっています。

　ユーザーは気ままに情報を書き込み、好きな部分をリンクにして関連ページを生成し、その関連ページを書き込みながらさらにリンクを生み出し……といった具合に、関連性に従って情報をアウトプットしてゆくことができます。

　こうした相互のリンク関係は、画面下部に2つのまとまりになって表示されます。1つ目は単純にリンク関係で、「リンクしている・されている」という直接の関連性のあるページがここに表示されます。

　これに加えて、Scrapbox では「リンク先のページにリンクしているページ」という、一段階深い情報のつながりも表示されます。たとえば A のページでは直接リンク関係があるページとして「B、D」が表示され、「リンク先がリンクしているページ」として B ページにリンクしている C ページの存在も見えています。

　逆に、B ページでは直接となりあっている「A、C」は見えますが、B 自身はどこにもリンクしていませんので、もう一段階深いページは見えません。

　ちょっと複雑に見えますが、この表示ルールは「A さんは B さんの

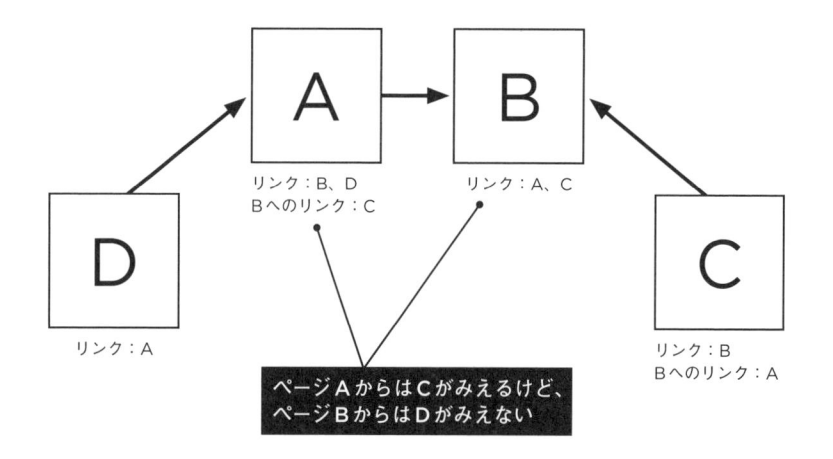

図中のキャプション：
D リンク：A
A リンク：B、D ／ Bへのリンク：C
B リンク：A、C
C リンク：B ／ Bへのリンク：A
ページAからはCがみえるけど、ページBからはDがみえない

ファンである」というリンクだと考えたときに、Aさんからみて「他にもBさんのファンの人」を可視化していると考えるとわかりやすくなります。逆にBさんからみてAさん、Cさんがファンであることはわかりますが、BさんはAさん、Cさんのファンではないのでその先の関係も見えてこないわけです。

　こうした関係性が表示できるようになると、あらゆる情報に対する直接のリンクだけでなく「他にもこの情報に関係しているページ」を作業なしに洗い出すことができるのです。

Scrapboxを使ってゆく

　こうしたScrapboxのルールは、ふだんは意識する必要はありません。ユーザーは常に直接の関係だけをリンク形式、あるいはハッシュタグで書いていくだけで、ページ同士の関連性は自然にできあがっていきます。

　ある人物の人となりを知るために「出身地は？」「生年月日は？」「趣味は？」といった質問をするのと同じように、いま書いているページに関わる情報をリンクにしておくだけです。リンク先のページはその時点では存在しなくてもいいのですから、勘に従って書いてゆくのでいいでしょう。

すると、思ってもみないつながりが、リンクから現れてきます。たとえば詩人のフェルナンド・ペソアのページに「彼は様々な別名を使って書いた」と記述し、キルケゴールのページに「彼の別名には○や○が存在する」などと「別名」をリンクにして書いた場合に、「別名」のページにはペソアとキルケゴールが登場し、リンク先へのリンクにはさらに隣接する情報が見えてきます。

　あらかじめ情報を整理していたわけでもないのに、リンクされた情報が勝手にまとめられてゆくところが、Scrapboxの一番の魅力です。

　Scrapboxはまだ開発がアクティブに行われているサービスで、荒削りな部分もあります。断片に分かれてしまった二つの要素を結合することはできませんし、現時点で扱うことができるのはテキストと画像のみです。

　しかしこれまでの情報整理ツールがカードやノートといった、紙を模倣して作られているのに対して、Scrapboxはむしろウェブの自己組織化を模倣したツールです。リンクすることで広がってゆく知識をそのまま捉えることができるScrapboxは、情報整理の未来といっていいのです。

膨大な情報の断片をリンクでつないで自然に整理できるのがScrapboxの利点

ノートや情報カードの検索性を高める

ノートや情報カードのようなアナログなツールに比べて、Evernoteや Scrapbox のようなデジタルツールは自由に内容を書き換え、検索することができるという利点があります。

これは特に情報量が次第に増えてくると大きな意味があります。ノートに膨大な情報の蓄積があっても、それを見直すたびに何千ページを見返すのが次第に難しくなる限界点があるのです。

そこで、すでに書いたアナログなノートをもう一度見返して、書かれた内容の意味を「タグ」で深めてゆくという話題についてはご紹介しましたが、このタグを中心とした情報をデジタルな目録にすることで、アナログな情報の検索性を少しでも高めるという工夫が可能です。

ノートの目録をEvernoteに作る

1冊のノートを使い終わったタイミングで、その内容について最初から最後まで目を通し、重要なページに「タグ」をつけていきますが、このタイミングでノートの目次をEvernoteのなかに作成しておくとよいでしょう。

手元にあるノートと、Evernote内の情報がちゃんと対応するように紙のノートには連番で固有のIDをつけておき、それを目録に使うEvernoteのノートと対応させます。

目録は完璧なものである必要はなく、紙のノートを開かずともおおまかにそこになにがあるかわかるように、主だった話題だけを表にしておきます。また、Evernoteの情報は任意の場所に画像も挿入できるところが利点ですので、何度も参照するノートのページはスマートフォンで撮影して挿入しておくといったように、目録の形式はフリースタイルに作るのでかまいません。

　重要なのは「紙のノート」と「Evernote側の目録」の対応がとれていることだけです。ふだんはEvernoteで情報を検索して当たりを探し、興味がでてきたら実際に保管してある紙のノートを探すというプロセスにかかる手間が最小であればいいのです。

情 報 カ ー ド を デ ジ タ ル 化 し て 検 索 可 能 に す る

　情報カードには、独特の"気配"があります。ここに書かれている内容はアクティブに使うだろうという気配と、おそらくこのカードはもうあまり参照しないだろうという、情報が枯れてきた雰囲気です。

　カードも放っておけばいくらでも増えてゆくものですので、ある時点で明らかに必要のないものは捨て、それ以外はデジタル化しておくことで、常にアクティブなカードを数百枚に抑えるということができます。

　カードは一つひとつをすばやく目にすることができることが重要ですので、ScanSnapの読み取り設定は、解像度をスーパーファイン（300dpi）のグレーモードでスキャンを行い、保存形式はPDFではなくJPEG画像にしておきます。また、ファイル名は「テーマ - 2018 - ○○○○○○」といったように、年ごとの連番にしておくことで、カードが一つのフォルダで増えすぎないように年ごとで管理しておくとよいでしょう。

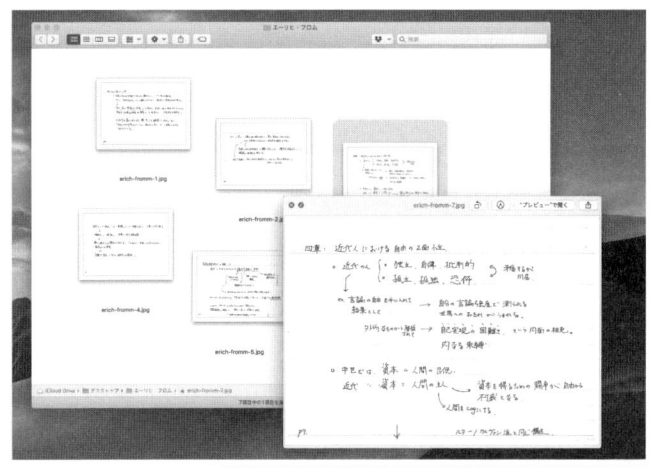

電子化した情報カードをフォルダ内で並べて整理する

　JPEG画像の場合、たとえばmacOSならばギャラリー形式での表示がすばやく閲覧できるだけでなく、Quick Look機能ですばやく中身を見ることができるため、ウィンドウをまるで机の上に見立ててカードを配置して使うことも可能になります。

　また、カードをデスクトップ検索から探せるようにするために、タイトル部分をファイルのコメント欄に入力しておくという方法があります。多少の手間はかかりますが、SECTION05で後述するようにタイトルがデータ化されているならば簡単なプログラミングでこれを高速に設定することも可能です。

　こうした目録づくりやデジタル化は、すべて入念に行うことが重要というよりは、積み上げてきた情報の自重に押しつぶされないように適宜行うというイメージのほうがよいでしょう。

　整理することが目的なのではなく、最も利用しやすい程度にアナログのデータ量をトリミングしているという具合に考えてください。

■ コラム:ScanSnap Homeによる新しいデジタル情報管理

紙の資料をデジタル化する株式会社PFUのScanSnapは最新の情報管理の仕組みとしてScanSnap Homeを提供

しています。

ScanSnap Homeはデジタル化した紙を文書、名刺、写真、領収書といったように基本的なカテゴリで整理できるだけでなく、タグやメモなどといった基本的なメタデータを編集する機能もついていますので、Evernoteなどといった外部のサービスを使わずとも整理することが可能になります。

たとえばこれまではPDFファイルにしか適用できなかったOCR機能をJPEG画像にも適用して、ScanSnap Home内で検索可能にしていますので、これを使用すればスキャンした情報カードやノートもある程度は管理がラクになります。

ScanSnap Homeは電子化した書類や名刺のタイトルを自動的につける機能ももっていますが、もし自動的につけられたタイトルが間違っていて修正した場合、機械学習によって修正内容を覚えて精度を高めてくれます。

こうしたOCR技術は今後さらに向上することが期待されていますので、いつかは情報カードを手書きで書いてスキャンするだけで、検索可能なデジタルな情報カードを手軽に作り出すことも可能でしょう。

繰り返しになりますが、すべてをアナログかデジタルにすること自体に価値があるのではなく、あくまでみなさんの知的な積み上げと発想の場としてそれぞれに最適な手段を利用するのが重要です。

ScanSnap Homeのような技術は、今後そこに選択の幅をもたらしてくれる可能性をもっているのです。

知的生活ツールとしての スマートフォン

　知的生活の記録をつけるうえで、当たり前すぎてかえって見逃しがちなのが、スマートフォンがもっている強みです。

　たとえばスマートフォンのカメラは映像を撮影するだけではなく、同時に撮影した時間も場所もメタ情報として保持しています。このことは、写真を日記のような「時間方向のログ」、行き先記録のような「場所のログ」として利用できるということを意味しています。行く先々で写真を1枚撮っておくだけで、それをアプリ上の地図上でまとめて表示すれば旅行した経路が見えてくるわけです。

　こうして撮影する情報をログとして利用するには、記録する際の意識を少しだけ変える必要があります。「面白いものがあったから撮影する」のでは、たとえば旅先の記録は目的地だけで埋められてしまい、その途中の情報がなくなります。

　そこで、撮影するためのハードルをぐっと下げて「5分に一度は意味がなくても撮影する」という具合にすると、写真の連続が意味をもちはじめます。

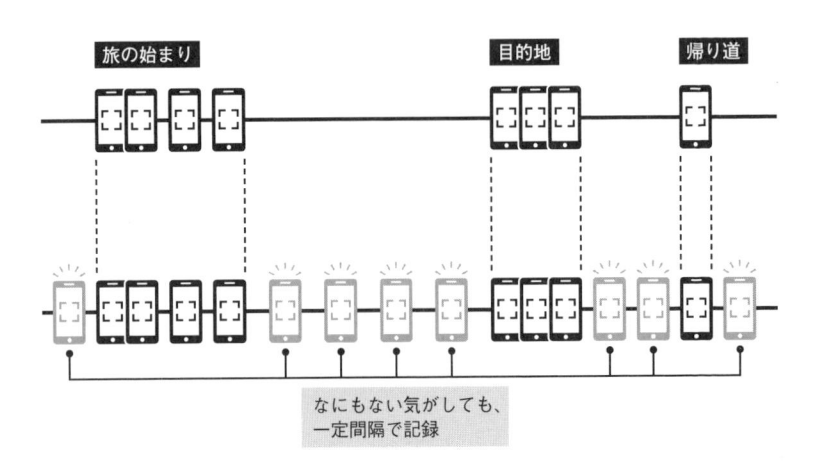

旅の始まり　　　　目的地　　帰り道

なにもない気がしても、
一定間隔で記録

146

何が重要かはあらかじめわかりません。これを撮影の際にも心がけて、まずは記録を時間方向に隙間なく行い、かつ量も増やせば、あとで記録として利用価値が高まります。

たとえば毎日同じ時間に写真を撮影するといったような、時間の断面を浮き彫りにするような記録方法を行うこともできますし、iOSの「1 Second Everyday」というアプリなどを利用すれば、毎日1秒の動画をつなぎ合わせることで、ふとした連続が物語のように語りだすような記録の撮り方もできます。

スマートフォンのおよそ無尽蔵な記録能力を信頼して、ふだんの記録を10倍ほど増やしてみると、いままで見落としていた日常の様々なシーンがログとして輝き出すのです。

コンテキストが失われる問題

ほかにも、スマートフォンでは音声メモを残すことも、動画やGPSによる行き先記録、歩数記録、睡眠記録といったものもアプリを活用して簡単にとることができます。

しかしここで問題になるのが、記録を増やすだけでは次第に検索性が低くなりますし、それがどんな状況だったのかというコンテキストも失われがちになるという点です。

アルバムに貼った写真に写っている人物がわからなくなるように、とった情報についての解説をどこかに残しておかなければ、記録はログにはならず、利用不能なデータの山になるだけとなります。

これに対抗するために、検索ができない音声メモや動画のファイルについては「Evernoteに保存し、その解説をノート内に併記することで検索性を高める」という方法があります。

また、写真については最近ではGoogle Photosのように機械学習で写真の内容を判別してくれる機能も精度が高くなっています。「海岸の写真」「イラスト」といったように、手作業では難しい写真の選別を機械にまかせてしまうことも可能です。

「考え」が熟成される場所を設計する

　ここまでノートやカード、EvernoteやScrapboxやスマートフォンのカメラといったように、様々なツールによる記録方法をみてきましたが、そのすべてに共通しているのは、1.フロー情報としてやってきた情報のうち、失われては困るもの、忘れては困るアイデアなどを残さず記録することと、2.記録が蓄積することによって、情報と情報のつながりからストック情報が生まれることを目指す、という2点でした。

　どのツールを使うのが正解かではなく、場面によって最適なツールをすべて駆使して情報を蓄積し、ストック情報を生み出すことが大事なのです。

　たとえば読書メモをスマートフォンでとるのは苦痛ではないけれども、そこから生まれた新しい考えや仮説を整理するのにはカードやノートでなければいけないという人もいるでしょうし、逆にノートに書きつけた感想のなかからScrapboxで自分の考えを洗い出してゆくという人もいるでしょう。

　ここで重要になるのが「情報を蓄積させる場所」と「考えを熟成させる場所」は同じではない場合があり、その違いを意識して設計をしておく必要がある点です。

蓄積させて、束ねて、熟成する

　たとえば私が『ライフハック大全』（KADOKAWA）を執筆した際の情報の流れは、次のようになっていました。

　ウェブで発見する興味深い情報はすべてEvernoteの「ウェブクリップ」というノートブックにいったん蓄積されますが、多くはそのままでは使えませんので、あとで採用しそうな情報だけが「ライフハック」というノートブックに濾し取られていきます。書籍を読んだ際に発見した、関

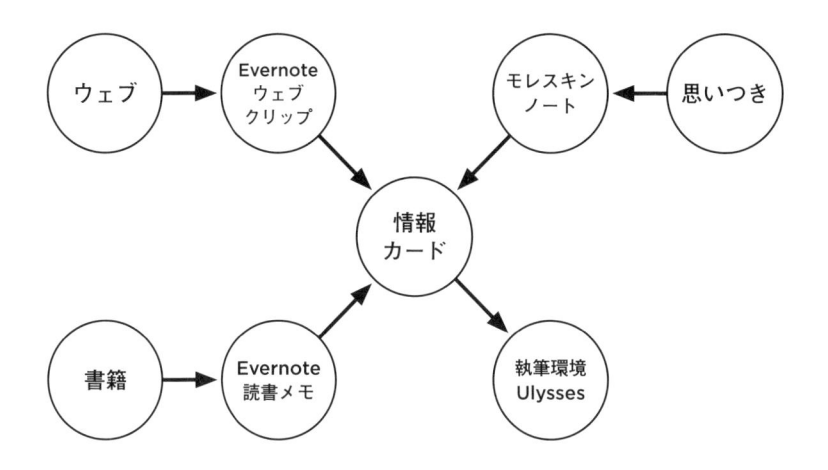

係する情報も「読書メモ」に蓄積されています。

　ふだんの思いつきはユビキタス・キャプチャーという形でモレスキン手帳を中心としたノートに書き留めていきますが、これもまだ情報の断片に過ぎません。

　ここでは3つの情報の蓄積場所がありますが、それを本の項目として紹介したいと思ったときには、カードという形で断片の情報が熟成されます。手帳のなかにあった話題と、ウェブで見つけた話題をカードにして並べて、ストーリーらしきものができあがるたびに、下書きを執筆環境の側に追い出します。

　この情報の流れは、厳密なものではなく、毎回このようにしているわけでもありません。しかし「どこにいけばネタが見つかるか」という情報の蓄積場所と、どのツールで考えを深めるかという「熟成場所」だけは意識しているわけです。

　また、この情報の流れはデジタルがよいか、アナログがよいかという視点とも関係がありません。電子化して保存した情報でも、画面上で見つめていてはイメージがわかないので、印刷してペンで書き込みをすることで突破口が見出せた、ということもよくあります。

　アナログとデジタルの境界を渡りながら、どこで思考をめぐらせれば外から得られた情報と内側から生まれたアイデアとを最も上手に織り上げることができるのかを意識するのが、情報整理の設計なのです。

なんのために、どこに情報発信をするか

SECTION01で、情報発信は知的な積み上げを誰かのもとに届ける「贈り物」であると書きましたが、まだ「なんで情報発信をしなければいけないのか?」について納得がいかないという人もいると思います。

また、「自分には発信できるものはない」「個人的に満足な知的生活を続けるだけではいけないのか」という疑問もあるかもしれません。

ここまで発信のための技術がありふれたものになったいま、知的な積み上げを行っている人が積極的になんらかの発信をすべき理由は様々あります。しかし主なものとしては2つあるでしょう。

情報発信で知的生活は完成する

一つは、発信によって蓄積した情報が整理されるというメリットです。情報を蓄積し、様々なつながりに気づいていたとしても、それを実際に誰かに説明するとなるとそれなりの根拠や実例をまとめる必要があります。そこでようやく、自分の集めていた情報の意味に気づいたり、どのようにして説明すれば自分にも、他人からも納得が得られるのかが判明したりします。

二つ目に、発信を行うことによってさらに情報が集まってくる傾向があるという点です。ブログの記事を書けば、それに対する反応があります。SNSで発言すれば、ときには反論がやってくることもあるでしょう。引いた立場から見るならば、それは自分が発信した情報に対する答え合わせや、偏りをチェックするための試験になるのです。

たしかに、誰かの目に触れる情報を発信することには不安がともないますし、内容によってはリスクも生じます。そこで、なにもすべての考えを即座に発信するのではなく、自分の知的生活を成長させるペースで、ゆっくりと行うのでもかまいません。整理された情報や、あなたの

なかに生まれた発見は、どこかの誰かが見ることができる形で発信することで、完成するのです。

なにを発信するのか

　情報発信は、なにも弁論の才能にあふれた論客のように主張を繰り広げることばかりではありません。ウェブで見つけた情報を、それを知らない人に向けて見つかりやすく整理しておくだけでも十分です。

　そこで知的生活の初心者には以下のような発信の仕方が考えられます。

①発見を紹介すること

　本を読んだ感想、ウェブで見つけた面白い話題、話題のニュースなど、自分にとって面白いと感じた内容をそのまま紹介するだけでも立派な発信になります。

　しかしここでただ話題を右から左に受け渡すだけでは、新しい情報はなにも生み出されていないことになってしまいます。そこで、ほんの少しでいいので、自分がその情報に対してどのように感じたか、過去の経験からどんな関連性を見出したかといったプラスアルファをつけ加えます。

立てた予想をその理由とともに述べるのなら、個性的な発信になるのです。

②情報で人をつなぐハブになる

ソーシャル・ウェブのエキスパートであるポール・アダムス氏は『ウェブはグループで進化する』（日経BP社）のなかで、情報はインターネットのなかで均一に伝わってゆくのではなく、あるクラスタとクラスタをつなぐ「ハブ」のような人材を通してジャンプすることを指摘しています。

こうしたハブ人材はなにも特別な人ではありません。あるクラスタではよく知られている情報が、別のクラスタではまったく知られていないため、それをつなぐ発信をするだけでも価値が生まれるのです。

面白い例として、マイクロソフト共同創業者のポール・アレン氏の出資している海洋調査船「オクトパス号」が旧日本海軍の戦艦武蔵を発見した際の出来事があります。海底での発見が世界に向けてライブストリーミングされるやいなや、日本の模型クラスタがSNS上で驚愕の声をあげました。

機密の多い戦艦の詳しい構造は、その後の考証でも不明な部分が多いため、模型は伝聞や推理によって作られることもあります。この中継によってそうした不明な部分が明らかになり、「こんなところに三連装機銃があったのか！」と、一部の人が発信したのです。

そしてこの驚きがライブストリーミングのコメント欄を駆けめぐることによって、模型クラスタ以外の人々にも、目にしている映像の価値が伝わるわけです。ある人の常識は、他の人にとっては驚きであり、それが可視化されることによって、情報は想定を超えた場所に広がっていき、新しい価値を生み出します。

③完成に向かうプロセスを発信する

完成したなにかがなくても、そこに向かうプロセスを発信することもできます。

スウェーデンのバンドWintergatanはテルミンやパンチカード機といったふつうではない"楽器"を取り込んで音楽にすることで知られて

おり、2016年には2000個の鉄球が歯車で動いて音楽を奏でる Marble Machine が YouTube 上で世界的に有名になりました。

2018年現在、このバンドの Martin Molin 氏は最新作である Marble Machine X を1年以上にわたって制作しています。

しかし彼はこの壮麗なプロジェクトが完了するまで何も見せないのではなく、1週間ごとの設計と、組み立てと、制作過程における失敗を動画にして発信し続けています。音楽バンドのはずなのに、その内容は専門的な日曜大工チャンネルといってもいいほどです。

知的生活の成果を見事な完成品として見せてみたいという気持ちも理解できますが、見ている側はあなた自身がどうしてそれに取り組んでいるのかという理由に興味をもつこともあるわけです。

このように知的生活の発信とは、決して大げさなものではなく、生活の片隅から小さく発信してゆくことから始まります。それが意外な人に伝わり、期待していなかったような評価を受けることもあります。

しかしまずは自分から一歩踏み出して発信することでしか、そのつながりは生まれないのです。

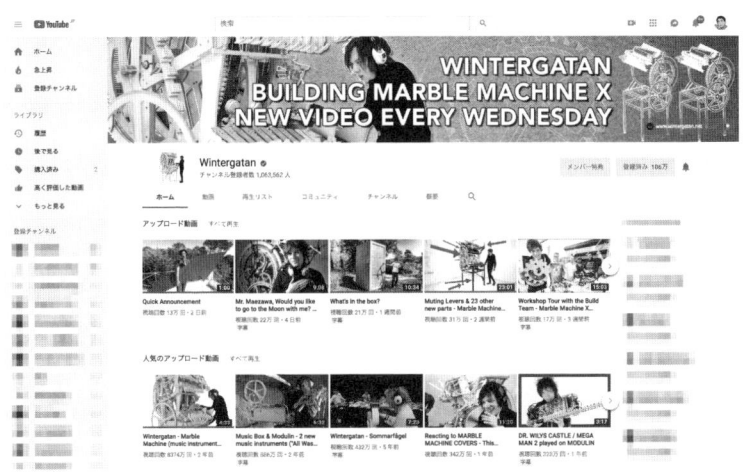

新作の楽器「Marble Machine X」の制作過程自体をコンテンツとしてファンに発信するWintergatanのYouTubeページ

知的生活の発信先として ブログが最適な理由

　あなたの知的積み上げが読書であれ、執筆であれ、写真のような作品であれ、それを気軽に発信するならば時間や予算がかかる出版を目指すよりも、まずはウェブを利用するのが自然な選択でしょう。そしてウェブ上で知的生活を情報発信する場合、いまでもそれに最適なプラットフォームはブログです。

　1990年代の後半に誕生したブログという仕組みは、それまでのオンライン日記やホームページにとってかわり、いまでは誰もが利用するツールに成長しました。しかし近年はツイッターやFacebookなどのソーシャルメディアの拡散力に比べて影響力が低くなり、なかには「ブログは死んだ」と宣言する人もいるほどです。

　たしかにブログをもつことが珍しくなくなったいま、かつてブログがもっていた先行者利益を期待することはできません。ですが、だからといって発信ツールとしてのブログの有用性が失われたわけではありません。むしろ知的生活の発信には、ブログ以外に選択肢はないといっていいほどなのです。

ブログが最適な理由

　知的生活の発信という視点で考えると、ブログがもっている最大のメリットは日々の発信というフロー情報が、記事がゆっくりと蓄積してゆくことによって自然にストック情報に変わってゆくところです。

　あなたが週に2回、飲んだワインを写真や詳細とともにブログの記事として発信したとします。最初のうちは他との比較はできませんし、ただ日々の楽しみとして書いているだけかもしれません。

　しかし方針をもって続けるうちに、ブログにはフランスワイン、カリフォルニアワインといった地名カテゴリや、メルロー、ピノ・ノワール、シラー

といった品種のタグが増えていき、ワイナリーやテロワールの比較、年ごとの比較といった情報もしだいに蓄積してゆくことでしょう。

　年に104本の記事が、3年続ければ312本、10年続ければ1040本というデータベースに匹敵する情報の網目になります。こうなれば、ブログは価値の高いストック情報に変貌します。しかも、日々に追加しているのは、その日の1本のワインについてであって、作業は今日も10年先も変わりません。

　同じことは、書評ブログであれ、旅ブログであれ、写真や動画やマルチメディアを埋め込んだブログでもいえます。**日々の小さい発信がやがて知的生活の大伽藍に成長する**のが、ブログが知的生活の発信プラットフォームとしてもっている最大の魅力といっていいでしょう。

ブログはあらゆるメディアをつなぐのりの役割をもつ

　また、ブログは長い歴史をもっているからこそ消し去り難い、技術的な優位性ももっています。特定のアプリに依存せずにブラウザがあればパソコンでもスマートフォンでも閲覧可能ですし、動画も、音声も、ソーシャルメディアの投稿も埋め込むことが可能です。

　この先新しいウェブ上の技術が生まれたとしても、多くの場合はブログによって参照し、言及することも可能であると予想できます。活字

を読むことが人間の情報取得の手段である限りブログは存続し続けると予想できます。

　また、ブログは蓄積した情報を簡単に検索できることも重要な点です。それは人間にとってはカテゴリやタグをたどって話題を探しやすいということでもありますし、機械にとってはGoogleのようにブログ内の情報をインデックスしやすいということでもあります。

　更新の簡易さや維持の容易さもあわせて考えると、知的生活の発信先としてブログは自然な選択となるのです。

いまブログを始めるなら

　ブログについてのノウハウはそれだけで1冊の本になるほど存在しますが、知的生活の発信という視点で気をつけるべきポイントは以下のようにまとめられるでしょう。

①せめて一つのニッチはもっておく

　単にグルメブログや、旅ブログといったテーマならば、すでに無数のブログが存在します。あなた自身の発信がいかに個性的で優れていたとしても、読者からみてすぐにその違いはわかりづらいでしょう。

　そこで、ブログのテーマとしてせめてなにか一つは"ニッチ"なものを考えておくことによって、他と差別化しやすいようにするのが得策です。たとえば名言を紹介するサイトは多いですが、私が集めているような偽引用句を紹介するものはなかなかありません。情報を多く集めているからこそ切り込むことができるニッチがあれば、大きな武器になるでしょう。

②見た目の違いにも気を使う

　ありきたりな日記ブログのデザインやデフォルトのテンプレートを使用するのもよいですが、ブログのテーマ選び同様、読者からみて違いを即座に認識できないのはもったいないことになります。

　せめてブログの名前やテーマカラーはデフォルトから特色あるものを

選び、読者にとって印象に残りやすいようにしておきましょう。同じ理由から、ブログを独自ドメインで運営してURLを独特にしておくこともおすすめします。

③専門家であるような口調を心がける

もっていない知識や経験を詐称するのはいけませんが、読者はあなたが自信なさげに弁解しながら書く記事を読みたいわけではありません。自分の知識の限界を素直に認めつつも、その分野の専門家であるような口調で書きましょう。

誠意をもって調べ、間違いを訂正し、さらに記事を書き続けるならば、口調のなかで先取りした矜恃は、やがて本物となって身につくはずです。

④カテゴリ分けとタグづけは入念に行う

ブログがストック情報として機能するためには、日々の蓄積がたどれるようになっていることが重要です。近年、Googleの検索にはノイズが多く混じるようになり、以前ほどロングテールの内容を探しやすくはなっていません。ブログの書き手自身が自分の情報をある程度組織化することが重要です。

せめて、主だった話題のカテゴリと、カテゴリを横断した索引としてのタグを記事に設定することによって、ブログの検索性を高めておきましょう。それはやがて自分自身が情報を見返すためでもあります。

ブログは基本的に自由です。ここに書いたこれらのルールをすべて破ってしまうことも、個性的で読者の目を引くブログの切り口につながるかもしれません。

また、ブログは1日で生まれるものでもなければ、テーマや方針が不変のものである必要もないものです。日々の情報発信とともに、自分自身のゆるやかな成長にあわせてブログもゆっくりと変化させていっていいのです。

ソーシャルネットワークを 知的発信の場にする

　自分の発信する情報をなるべく多くの人に拡散したいと思うなら、ソーシャルメディア（SNS）の活用は必須になります。

　ブログの記事が多くの人に読まれる場合も、まずはソーシャルメディアで話題が拡散し、それによって記事を読む人が増えるという順序がほとんどです。入ってくる情報にフローとストックがあるように、発信する情報にもブログというストック情報と、SNSのフロー情報の両方を使いこなすことが必要といっていいでしょう。

　SNSにはそれぞれ特徴があります。ツイッターの場合は情報の単位が140文字と短く、それがリツイート（RT）されることで、つぶやきのタイムライン上を伝言ゲームのようにしてすばやく拡散します。

　Facebookの場合はシェアした情報が友人同士の緊密なネットワークによって増幅するため、拡散力の強い人へと届くことでそこから大きく情報が広まっていく傾向があります。

　一方Instagramの場合は、画像の美しさや説得力といったように、提供しているコンテンツのもっているストーリーがユーザーの共感を呼びやすいプラットフォームです。

　SNSを情報発信に利用するには、こうしたそれぞれの特徴を意識して拡散が最大になるように設計する思考が必要なのです。

 ## バズを求めすぎる危険性

　しかしSNSのバズ、いわゆる爆発的な拡散ばかりを追い求めることには危険もともないます。

　2018年7月の猛暑に関連して、私が「知っていましたか？　いま気象観測の現場では百葉箱は使われていません」という内容のツイート

を行ったところ大きな話題となり、2万回RTされ、のべ200万回閲覧されるという出来事がありました。

　問題は、そのつぶやきは短すぎるために「気象官署やアメダスでは百葉箱を使わない」という細かい部分を説明することができなかった点です。そのため一部の人には「学校でも百葉箱は使わないらしい」という、誤解した情報が伝わってしまったようでした。

　特にツイッターの場合には文字数の制限もあることから細かいニュアンスは伝わりにくく、拡散を狙って強い言葉を使ってしまったところ、炎上してしまったケースも毎日のようにあります。

　強い拡散力は、思いもよらない人に情報が届くというメリットがあると同時に、伝わってほしくない相手にも広まるというデメリットとも背中合わせです。

　たとえばAを趣味としているクラスタにだけ語っているつもりで、うっかり「Bのファンはみな乱暴だ」などといった発言をしてしまえば、たとえあなたがBのファンの人をフォローしていなくても、あっという間に見つかってやり玉にあがってしまうでしょう。

　投稿が、別の立場の人からみて不適切だと指摘されることもあります。この場合、どちらが悪いというわけではなく、本来ならば出会わないはずだった人同士がSNSの拡散力で引き合わされたことで不幸が生まれるケースが多いようです。

SNSをマーケティングツールとして使う人は、バズや共感といったものを念頭に発信をします。しかし知的生活の発信を長い目で行うのが目的ならば、バズは狙って起こすよりも、偶然やってくるというほどの運用の仕方をするのが得策かもしれません。

 ## 知的発信に向いている、ゆっくりとフォロワーを増やす戦略

そこで、SNS上で知的生活の発信を行う場合には、個人が日常に起こった出来事やスポーツ観戦に反応しているのとは違った、もっとゆっくりとした方針が見えてきます。

①一貫性のある、気長な発信

あるテーマについて情報発信をすると決めたならば、あなたをフォローする人にとってそれがわかりやすいように、一貫性のある投稿を心がける必要があります。

日常についての投稿や冗談に反応するのもときにはよいでしょう。しかしたとえばワインブログについてのアカウントで、スポーツやTV番組に反応してばかりの投稿が続くようならば、読む側はあなたをフォローする理由を見失ってしまいます。

また、発信は一度にすべての情報を提供してしまうのではなく、ブログと同じように、少しずつ、気長に行うのがよいでしょう。本の話題を常にしている人には、本好きの人が集まります。ある一つの本の話というよりも、いつも本の話をしているという期待感で集まってくるのです。

つまり発信の内容そのものがフォロワーを増やすのではなく、将来も似たような面白い発言をしてくれる可能性が高く、それを見逃すのは惜しいと思う気持ちが、フォローボタンを押す理由になります。

②ブログなどのようなストック情報とリンクする

ツイッターであれ、Facebookであれ、ソーシャルメディアの情報が作り出しているタイムラインはすばやく流れ去り、それをあとから見つけ

出すことは至難の業です。

　そこで、SNSでの発信は、より固定したブログの記事とリンクさせ、詳細はそちらを読んでもらえるように気をつける必要があります。

　最近だと、ツイッターには連続ツイートの機能が追加されています。これは140字の投稿を任意の数だけつなげて一度に投稿できる機能ですが、内容的にはちょうどSNSとブログの中間点のような存在になります。

　こうした連続ツイートをブログ記事にしてしまうことで、SNSで話題を拡散しつつ、その安住の地としてブログ記事も同時に作成してしまうということもできます。

③ゆるやかにフォロワーを増やし、クラスタを発見する

　SNSでフォロワーが増えるのは、情報発信が認められている気持ちがするので嬉しいものです。しかし、あまりフォロワーの数ばかりを気にして、それを増やすための様々なトリックを駆使するのはおすすめできません。

　模型のクラスタや、特定のアニメ番組のクラスタが存在するように、あなたのフォロワーは、あなたのクラスタです。あなたが地道に発信している内容にどこか魅力を感じて横目で見ている、潜在的なファンの集合なのです。

　『テクニウム』（みすず書房）の著者ケヴィン・ケリーは「1000人の本物のファン」というブログ記事で、あなたがどんな発信をし、どんなプロダクトを生み出したとしても、絶対にそれに目を通して購入してくれる熱量の高いファン1000人ほどいれば、クリエイターとしての活動を維持できると指摘しています。

　SNSの発信はあなたを知らない人々のなかから、本物のファンをゆっくりと時間をかけて引き寄せてくれる仕組みでもあります。

　衝撃的なバズや、道化を演じることで人気を取る戦略もときには成功するでしょう。しかし長い目でみて必ず成功する方法は、こうした地道な発信であったりするのです。

新しい情報発信を可能にするニューメディアに敏感になる

　新しい時代には、新しい情報発信の仕方が生まれます。

　十数年前には、ウェブの情報発信はホームページから行うのが中心でしたし、閲覧方法もデスクトップのパソコンが主流でした。

　それからブログが誕生し、YouTube が、ツイッターが、Facebook が生まれる怒濤の時代が始まりました。閲覧できるデバイスもノートパソコンからスマートフォン、タブレット、そしてテレビやゲーム機に広がっています。

　こうした発展は情報の流れ方にも大きな影響を与えました。ゆっくりとウェブページを読んでいたのがタイムライン上を流れ去る短いツイートをリアルタイムに追うのが主流になり、ときにはライブ配信に参加して発信の一部分になることも珍しくなくなりました。

　いまでは VR 技術を応用したバーチャルユーチューバーのようなコンテンツも誕生しており、新しい技術がそれまでのメディアに新風を吹き込むというパターンが確立しています。

　新しいメディアが生まれるたびに、そこにはこれまで捉えられていなかったクラスタを新たにとりこむ要素があります。こうした動きの変化に敏感であることは、これからの情報発信者に必須のスキルといっていいでしょう。

　具体例を挙げましょう。私はネット上で様々なアニメや漫画の二次創作を行う「絵師」のクラスタを追いかけるという趣味がありますが、ここ数年だけでもこの分野には大きな変化があります。

　絵師がツイッターなどで活動するのは、自分のイラストをより多くの人に知ってもらうためです。高解像度のイラストなどは絵師にとってのブログに相当する pixiv のアカウントなどにアップロードし、人気のあるジャンルの絵をファンに向けて SNS で発信するというのは、いわばこのクラスタの定石です。

そこに、新たな工夫をする人々が生まれます。たとえばイラストを描いている様子をYouTubeライブで公開することでファンの興味をかきたてたり、匿名の質問サービス「マシュマロ」を利用して次に描いてほしい題材を募集したり、といったようにです。

　こうした流れをうけてpixivではイラストを描いている様子をライブストリーミングし、ファンの声援を伝えるためのpixiv Sketchをリリースするなど、一部の先駆者の活動が新しいメディアの誕生のきっかけになることもあります。

　作家のウィリアム・ギブソンは「未来はすでに来ている、まだそれは一様に広がっていないだけだ」という予言的な名言を述べていますが、それはこうしたニューメディアの最前線にもいえることです。

　技術的にすでに可能なことに新しい工夫や発想を加えることで、新しい発信方法が可能になります。これまで注目を集めなかった分野が、それによって急に動き出す場合もあるわけです。

いま試してみたいニューメディアの数々

　すでにウェブではテキストならばブログ、ソーシャルメディアならばツイッターかFacebook、画像ならばInstagram、動画ならばYouTube

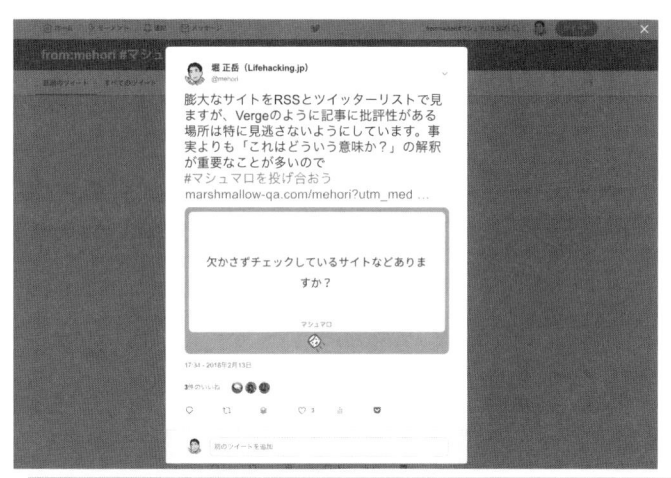

匿名で質問を受け付けるサービス「マシュマロ」のような新サービスに目を光らせておく

といったように大勢が決まっているようにみえます。

　しかし新しいサービスや、古い技術への革新は日々起こっています。新しいメディアがあなたのレーダーに引っ掛かったなら、せめて一度は試してみることが必要でしょう。たとえば知的生活の発信の視点でいうなら、いまならば次に挙げるような新しいメディアがあります。

◎動画・ライブストリーミング

　これまでも長い歴史のある動画やライブストリーミングの分野ですが、ソーシャルメディアとの深い融合や、スマホファーストのデザインなどによっていまも新しい活躍場所は増えています。

　YouTubeのライブストリーミング版であるYouTube Liveはスマートフォンからでも気軽に行うことができるようになりましたし、そこに購読するファンを誘導する仕組みも整備されてきています。ゲーム配信ならばTwitchという仕組みが、スマートフォン向けの縦型動画ならばInstagramの動画版であるIGTVがといったように、まだまだ新しい試みは増えています。

◎復活するポッドキャスト人気

　ラジオにかわる音声コンテンツとして注目されたポッドキャストも誕生して長い技術ですが、スマートスピーカーなどから聴くことができるという需要もあって近年復活する傾向にあります。

　そうした流れをうけ、スマートフォンで収録・編集・配信をすることができるAnchorのようなサービスが人気になるとともに、ポッドキャストのホスティングを一手に引き受けるSoundCloud、Podbean、Transistor.fmといったサービスも広がっています。

◎今後広まるVRコンテンツ

　Facebookが提供するOculus Goのような安価なスタンドアローン型のVRヘッドセットが普及してきた結果、「視点をコンテンツにする」発想へのニーズが高まっています。

　VRヘッドセット内に映し出すことができる写真の撮影はRICOH

スタンドアローンのVRヘッドセット「Oculus Go」はさまざまな新分野を開拓する可能性をもっている

THETAといった全天球カメラが、動画の編集はAdobe Premiere / Apple Final Cut Proといったアプリケーションがすでに対応しています。すでにバーチャルユーチューバーといったコンテンツも人気ですが、今後はVRと読書、VRと模型などといったように、様々なジャンルがアイデア一つで爆発的に流行する準備が整っているといえます。

　ニューメディアを試すときには、狙いを定めてそこに気長にコンテンツを発信してゆく必要があります。「次に来る」ものへの嗅覚と、それが受容されるまで忍耐強く発信する覚悟が問われるのです。

　たとえば私はYouTube Liveを利用して毎週生放送でその1週間のテクノロジーニュースを伝える「ライフハックLiveshow」という番組をすでに300回配信していますが、もともとこの番組はGoogle+というSNS上のHangouts on Airという仕組みを使って始めていました。

　Hangouts on AirがYouTube Liveに変化してゆくなかで、ゆるやかに番組の作り方を変えつつ、それでも地道に発信しているからこそ2013年から5年以上にわたって継続することができました。

　ニューメディアはすばやく試し、そこに可能性があったら地道に長い発信をするという、スピード感と継続のバランスをとっていきましょう。

実名で発信するメリットと、ハンドル名を利用するメリット

ウェブに何かを発信する際には、必ず実名かそれともペンネームやハンドル名を利用するかという選択肢があります。また、ウェブ上で顔出しを行うか、イラストなどを使って素顔を隠すかも大きな選択です。

実名で発信をする場合は、いうまでもありませんが発信の内容はあなた自身の評価や実績として認知されます。そのかわり、失言や炎上はあなたの評価を大きく下げるリスクになります。また発信の内容に問題がなくても、あなたが所属している組織からみれば危うい場合もありますので、発言には細心の注意をはらう必要も生じます。

逆に、ハンドル名を利用することはあなたの実際の名前や社会的立場と情報発信とを切り離すことができますので、リスクは大幅に減ります。たとえうかつな発言で炎上したとしても、それはウェブ上のあなたのハンドル名が炎上しているのだと考えれば気がラクになるかもしれません。ハンドル名は傷つきやすい心を守る仮面なのです。

いまではウェブ上のハンドル名で出版する人も珍しくなくなりましたが、それでもなかには「名前を明かせない人が書いたもの」という色眼鏡で見る人もゼロではありません。とあるハンドル名で書かれた書籍のレビューに「名前を明かせないのは、発言に責任がとれないということだろう」という辛辣な評価がつくこともあります。

ハンドル名で活動する人は読者からみて顔が見えない存在である分だけ、信頼を獲得するために一貫性のある発信でそうした先入観を打ち消していかなければいけないのです。

将来を考えるなら実名、リスクヘッジならハンドル名

立場上実名で活動できない場合は当然ですが、情報発信に慣れていない初心者の場合にも、私はハンドル名で活動することをおすす

めしています。これにはリスクを低下させるだけでなく屋号として機能するというメリットもあります。

　たとえば「ヒアリ警察」というハンドル名でツイッター上の活動をしているアカウントがあります。知識のない人が近所で見つけたアリを、国内ではまだ定着していない外来のヒアリと勘違いしてつぶやいているのを検索して「ヒアリではありません、オオシワアリです」などと短く返信するのが活動内容です。

「ヒアリ警察」さんの場合、そのインパクトのあるアカウント名とアリに対する愛情をこめた一貫性のあるつぶやきが人気を呼び、ヒアリに対する啓発で大きな貢献をしています。屋号であるハンドル名が、情報を受け取る側の心の準備をしてくれるのです。

　情報発信している内容への責任をとれる場合や、ゆくゆくはその活動をリアルなキャリアと結びつけていきたいと考えている場合は、注意しつつ実名で活動してもよいでしょう。

　実名で活動することが責任ある、クオリティの高い発信につながっているケースもありますし、自分が誰であるかを明かすことが読者や受け手への誠実さだと考えるタイプの人もいるでしょう。

　二つの中間として、実名を隠さずにハンドル名で活動することもできます。プロレスラーのリングネームと実名のように、隠しているわけではないけれどもウェブの世界では呼んでほしい名前を前に出して活動することも可能なのです。

情報収集と情報発信の
バランスを設計する

　もし時間に制限がないなら、私は興味をもったすべての本を読んで、すべての重要なウェブサイトの記事に目を通し、ソーシャルメディアを心ゆくまで眺めて関連するクラスタの動向を調べたうえで、ブログも、ツイッターも、動画も、ポッドキャストも発信することでしょう。

　しかし現実には、私たちにはそこまでの時間はありません。限られた時間で知的な積み上げを行い、それについて考えをめぐらせて発信をしようと思っている間にも、新しい本は積み上がり、未読の記事はEvernoteのなかで増え続け、投稿ボタンを押せない下書きのブログ記事はたまる一方です。

　どこかで、現実的な情報収集と、情報発信のバランスを限られた時間のなかで設計する必要があるのです。

バランス型の設計と、一点集中型の設計

『ライフハック大全』で、私はウェブサイトのRSSを利用した情報収集の仕方として「必ず読むもの」「可能ならばチェックするもの」「ほとんど飛ばし読みするもの」の3つに分流して整理するというテクニックについて紹介しました。

　この方法は、書籍やウェブ記事を読む場合であれ、あるいは発信する際であれ適用することができます。そして情報収集と発信の優先度に応じて、活動の種類を設計することが必要になります。

　たとえば必ずチェックしなければいけないサイトや書籍に空いている時間の60%ほどを確保し、残り30%の時間を使ってブログ記事とツイッターを更新する、といったようにです。

　10%ほどの時間はどうしても雑事に消えますが、ときおり運が良ければ急に空いた時間を利用して動画の情報発信をするといった、ふ

だんはできない活動をするチャンスもあるかもしれません。

こうした流れを表したのが下の図です。継続した知的積み上げのためには外すことができない優先度の高い活動を定めておき、時間があったならば手を出すことができる二次的な活動も用意しておきます。

こうした二次的な活動は頻度が少なくなりますのでストック情報に進化するペースは格段に遅くなってしまいますが、それを受け入れることができるかによって、空き時間を増やすための努力をする、活動方針を変える、といった判断につながるわけです。

こうしたバランスを考えた知的生活の設計ではなく、一点突破を狙う方法もあります。たとえばめったにブログ記事を書かないかわりに、空いている時間はすべて関連書籍の調査にあて、情報濃度が極めて高い発信を心がけるといったようにです。

こうした場合にも、めったに書かれないブログへのファンをゆるやかに増やすために1日に10ツイートのSNSの活用を意識するといったアプローチもあります。

経験的には、1の発信のためにはその10倍の情報に目を通しておく必要があります。相当な知識の蓄積がない限り、5の情報からであっても1の発信をすることは難しいでしょう。

そうした情報のインプットのペースと、アウトプットのペースを考慮して、知的生活を設計することが必要なのです。

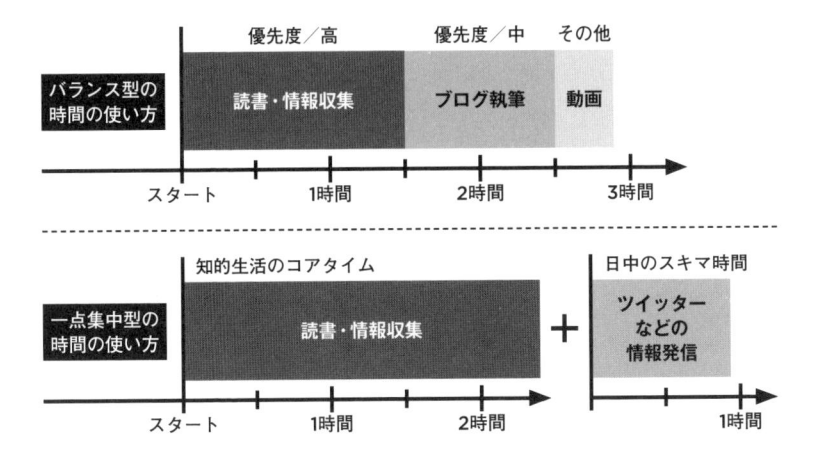

10冊を同時に読むための セーブポイント読書術を 実践する

本の読み方、選び方については膨大な先人のノウハウがありますが、知的生活の時間の使い方を意識するときに使うことができるテクニックとして、セーブポイントを意識した読書メモという方法があります。

読んだ内容について感想を書く、あらすじをまとめるといった読書メモは多くの人がとっていると思います。私がゲームになぞらえて「セーブポイント」と呼んでいるメモは、それをもう少し意識的に「明日に続きを読むときに一瞬で内容を思い出す」ことを目的にとっているものです。

続きものになっているドラマでは「先週までの内容」が番組冒頭でまとめられていて、その雰囲気から本編に入っていくとすぐに気持ちがついてきますが、セーブポイントのメモもそれに似ています。

単に内容を書いてもいいですし、「さあ、ここからどうなるか」と続きへの期待を書くのでもかまいません。次の日の自分が、一瞬でそれを頭のなかに読み込んで、今日と同じ雰囲気で続きを読めればそれでいいのです。

セーブポイントは、ゲーム同様、必ずとる必要があります。たとえば、まとまった時間がとれないために5分しか読めなかったという場合でも、必ず1行のセーブポイントをメモに追記します。

すると、その本に向き合った回数だけメモは伸びていき、完読する頃には、やはり章や節といったところで読書を区切ることが多いためにセーブポイントの連なり自体が本の構造化したメモになっていることもよくあります。

こうしたセーブポイントはBooklyのような読書支援アプリのなかで作ってもいいですし、Evernoteのノートのなかで追記してゆくのでもよいでしょう。とにかく1行を書き加えるための手間をかけないことに気をつけます。意志の力がなければ続かないような仕組みは避けましょう。

セーブポイントを多数用意して10冊を同時に読む

　このセーブポイントをそれぞれ個別のメモにとっておけば、複数の読書を同時に進めるのにも利用できます。

　実際、私は読書が遅いほうですし、その日の時間によって集中力はまちまちなので専門書から推理小説へ、実用書からコミックへ、海外文学からライトノベルへと飛び回ることがよくあります。

　それらについて、たとえ覚えていると思っていても必ず1行でいいのでセーブポイントをとっておくと、同時に読んでいる冊数が増えても混乱しませんし、あいだが何年か空いたとしても、どこから読み直せばいいのかわかります。

　セーブポイントは、副次的な効果も生みます。私のメモによれば、私はトマス・ピンチョンの『メイスン＆ディクスン』（新潮社）を買ってからほとんど読み進められずにいたのですが、本業で長期間船に乗る機会があった際に、揺られる海の上で昼となく夜となく、暇がある限り読み続けて一気に完読していることがメモから見えてきます。

　私は読書の様子を未来に伝えるだけではなく、どんな気持ちで読んでいたのかも、メモを通して未来に伝えていたのです。これはもちろん、知的積み上げの豊かな情報源となるわけです。

習慣と
ツールによる
知的生活ハック

新しいツールを学ぶことは、
将来にわたる成長を支えてくれます。
知的生活を助ける様々な習慣や
ツールについて学びましょう。

知的生活の習慣を設計する

　知的生活は長期戦です。何カ月も、ときには何年も続く毎日の情報の刺激のなかから知的な積み上げは少しずつ形作られていきます。

　一見これはとてもつらそうな生き方に見えますが、知的生活のよしあしが運や才能だけで決まらないのは心強いことでもあります。

　好きなこと、興味のあるものに向かってどれだけ日常の習慣として取り組めるかが重要なのですから、むしろ日々の調子を整え、長い目で知的積み上げが可能となる生活の習慣に注目すればいいわけです。

　本SECTIONではそんな知的生活を支援する習慣や、テクニックや、ツールについてみてゆくことにしましょう。

知的生活のパターンを意識する

　毎日のように仕事をし、帰宅してから知的生活のための活動をするという二重生活をしていると、やがて定番のパターンが見えてくるようになります。

　それはたとえば何時までに帰宅すればその日の読書の目標を達成できる可能性が高くなるといった傾向や、何時までに原稿に取り掛かることができれば2000字のブログ記事を書き上げることができるといった、日々の小さな成功と失敗の分かれ目となるパターンです。

　大事なのは「もっと努力すれば」「もっとやる気があるなら」もっと読書や知的活動を積めるのにと自分を責めるのではなく、与えられた時間のなかで最適化されたパターンはどこにあるのかと探すことです。

　たとえば私の場合、夜には原稿執筆などの作業を入れることが多いので、「読書をペースよく進めたいならば朝一番や、昼休みや、移動の時間といったタイミングで一日の目標の半分ほどを稼いでいなければ、夜にいくらやる気を出しても達成できないことのほうが多い」と

いうパターンを過去の記録から把握しています。

あるいは一本のブログ記事を書くには記事の執筆と推敲と写真の選定を含めて平均で90分がかかり、その日のネタが決まっていなければそれに平均で20 〜 40分を追加しなければいけないといったことも過去の経験からわかります。

まずはこうした毎日の活動について時計とストップウォッチをもって毎日計測してみることから始めてみることをおすすめします。一カ月のあいだ、読書を開始した時間と継続した時間を測定してみれば、満足のいく日と不満な日のそれぞれについてありがちなパターンが見えてくることでしょう。ほかにも計測できる習慣として：

1. **食事の時間と量**：何時までに夕食をとればその後の時間が十分にとれる傾向にあったでしょうか？　食事の内容とその後の眠気に関係はあったか？　といった傾向を調べます。

2. **就寝時間と睡眠時間**：Apple Watch や Misfit Ray などといったウェアラブルデバイスを利用して、就寝時間と睡眠の質を計測することで、何時までに眠ると最も疲れがとれるか、逆に何時以降まで夜更かしをすると危険か、夜に飲酒をしたりした場合の次の日の疲れの残り方といったパターンを調べられます。

3. **感情のモニタリング**：家族と喧嘩をしたり、職場でストレスがあったりすると個人の知的生活も如実に影響をうけます。不安や苛立ちといったものを「感じるべきではない」と覆い隠すのではなく、手帳などに打ち明けて書き留めることでその存在を認めたうえで、意識的に休息や日常を取り戻すための時間を割り当てましょう。

もちろんこうしたパターンはその日の忙しさ、体調のよしあしだけでなく、夏か冬かといった季節の違いによっても変わります。

日々の成功や失敗に一喜一憂するのではなく、まるで自分を観察対象であるかのように、知的生活の記録を取り続けることで成功のパ

ターンを増やしていきましょう。

 ## 時 間 節 約 の 習 慣

　どうしても**私たちは時間の使い方には欲張りになりがちです**。短い時間のなかに様々なものを詰め込み、時間が足りないと嘆くのは誰もが体験した悩みでしょう。

　SECTION02では「日常的に2時間を生み出す」という視点で時間管理の大枠について考えましたが、日々の習慣として重要なのはさらに細かい部分で時間を1分、2分といったように回収してゆくパターンをどれだけ取り入れることができるかです。

　たとえばiPhoneを利用している方ならば、すぐに実践できるのが毎日の知的生活の時間帯での「通知ゼロ」の設定です。iOSの「おやすみモード」の時間帯は通常深夜に設定してあると思いますが、これを思い切って20時といった早い時間から設定し、それ以降は一切の通知や着信も知らせないようにしてしまいます。この設定だけで、「よけいなメールやアプリの通知が何百回、何千回も集中力を途切れさせて、その都度復帰に数分がかかる」という時間のムダをなくすことができます。

　ほかにも、後述するように手作業で行っていた活動を自動化したり、プログラミングやガジェットを利用して作業の軽減をしたりすることも、時間節約の視点で導入する習慣です。

　たとえ1日に3回、あわせて9分程度の節約でも1年でみれば約55時間の節約になりますし、これは慣れれば慣れるほどもっと多くの、もっと器用な節約の仕方を学べるものでもあります。

　たとえ短い時間でも、常に近道を探す習慣を身につけることで、手に入るのは日に数ページの読書や、吟味することができた考えや、必要だった睡眠や、ほっと一息をつくことができる時間です。

　長い目でみて同じ生活のパターンを繰り返すならば、そこには一瞬も必要のない時間のムダがあってはいけないのです。

常 に 武 器 を そ ろ え て お く

　木を切り倒すのに忙しすぎるために、のこぎりの歯を研ぐ時間を惜しみ、かえって時間を失っている木こりの逸話をみなさんは聞いたことがあると思いますが、知的生活においても全体の5%ほどの時間は新分野の開拓や、新しいスキルの習得に当てておくと長期的なリターンが大きくなります。

　これまで文字のブログしか書いたことがない人が動画編集を学ぶことで数年先にコンテンツの幅を広げることができたり、ふだんは挑戦しない本のジャンルを手にとって見ることによって新しい境地が開けたりといったように、投資のための時間は素敵な偶然を呼び込んでくれます。

　たとえば私の場合、書斎に関連する文具やガジェット、知的生産に関係しそうなウェブサービス、アプリについては自分のアンテナに引っ掛かったものを必ず一通りは試すことにしています。すでに定番のツールを使っていたとしても、新しい視点で試すことはできないか、ツールが可能にしてくれる死角はないかをチェックするわけです。

　そうすることでたとえばEvernoteとも出会いましたが、万が一Evernoteがなくなった場合でも致命的なダメージを受けないように常に移行手段についても目を配るようにしています。

　新しいガジェットについても、新しいタイプの知的生活を可能にしてくれないか、いま苦労している部分をラクにしてくれないかという視点で試します。

　よい戦士は武器の手入れを怠りません。ましてや、私たちは長い目でみた知的生活というくわだてに乗り出しているのです。勝ち筋のパターンを意識し、ムダを省いて、最適な武器を探すことは、長い目でみた勝率を、才能のあるなしにかかわらず高めてくれるのです。

日常にブーストをかける
自分の「隠しコマンド」を
見つける

strategy
50

知的生活のパターンを意識するという話題について前項で触れましたが、歴史上多くの知的生活者、作家、アーティストが実践している日常の「隠しコマンド」のような習慣が、コーヒー、昼寝、そして散歩の習慣です。「隠しコマンド」と表現するのは、それが知的活動にとって本質的でなさそうであるのに、その人の活動の縁の下の力持ちのように機能していた可能性が高いからです。

たとえばコーヒーについては、起床と同時に一杯を飲んでその日の仕事をすることが日課だった作家やアーティストがジョイス、プルースト、マン、マーラー、ベートーヴェン、カント、ヴォルテールなどといったように、偶然とは思えない数で存在します（『天才たちの日課』（メイソン・カリー著、フィルムアート社）より）。キルケゴールに至っては、五十種類のコーヒーカップを用意し、砂糖をうず高く積んでコーヒーでそれを溶かすという儀式めいた習慣さえあったほどです。

私もコーヒー教徒の一人ですが、午前中のある時間までにコーヒーを飲んでいる日と、飲み忘れた日とでは、午後の集中力が違うことが日常の記録からわかっています。夜に執筆を開始する前にコーヒーをもう一杯飲むかどうかが、その日に6000字以上書けるか書けないかの分かれ目になるのです。

これを信じるかはみなさんしだいですし、コーヒーは体になじまないという人もいるでしょう。でも単に良い生活習慣をもつという以上の、その日の活動に加速をつけてくれる習慣を自分なりに探すという視点は参考になると思います。

昼寝と散歩のもつ効能

昼寝や、散歩については も同じ です。それ自体は地味な習慣ですが、

178

人によってはこれが知的生活を支えるパワーの源になっている人もいるのです。

たとえばウィンストン・チャーチルは第一次世界大戦への対応に忙殺されていた1914 〜 15年をこのように振り返っています。

「自然はひとを祝福された眠りのひとときももたずに朝八時から真夜中まで休みなく労働できるように作っていない。たったの20分程度であったとしても、それは不可欠な活力を取り戻すのに十分だ」

この言葉の通り、午後に子どものように眠る一時間をもつことによって、チャーチルは本人の述懐によれば「一日半の仕事」を一日のうちに詰め込むことができたのだといいます。

日常に活動的なペースをもたらすものとして有名なもう一つの習慣が散歩です。ダーウィンは一日に3回の散歩を習慣としていましたし、スティーブ・ジョブズや、オバマ元大統領は歩きながらのミーティングを好んだといいます。そしてコーヒー同様に、散歩の習慣をもつ作家や哲学者は枚挙に暇がありません。

こうした「隠しコマンド」は毎日のように知的生活を続けるうちに偶然見つかります。たとえば私の場合、風呂で特定の関節のストレッチをして上半身をほぐすストレッチをすると集中力が増す傾向を見つけてからは、それを実践しない日はありません。

最初は気のせいだろうかと思いながらも、繰り返してみると不思議な効果をもっている習慣をぜひ日常のなかから探してみてください。

朝型人間の知的生活

　メイソン・カリー氏の "Daily Rituals（『天才たちの日課』）" は、作家、学者、音楽家などの過去から現代までの様々な著名人たちがどのように一日を過ごし、どのような習慣をもっているのかを膨大な文献や研究から調査したすばらしい本です。

　偉大なアーティストの日常がかならずしも常人を卓越した厳しい規律だけでできているのではなく、自堕落であったり、妙に偏執的であったり、奇妙な日課で構成されていることがわかるのが本書の醍醐味です。執筆中はタバコを12本に制限すると決めて数えているトーマス・マンや、ベッドに横たわらないとインスピレーションがわかないトルーマン・カポーティといった話題は親近感がわくとともに、どこかで納得できるものばかりです。

　本書に登場するクリエイターのすべてが朝型ではないものの、繰り返し登場する一つのパターンが、起床し、朝食を軽くとるとすぐに仕事にとりかかり、そこで1日のほとんどの成果をあげると午後は散歩や、交遊の時間に費やすというものです。

　本書に掲載されている特徴的な人物を26名とりあげて、睡眠時間と仕事時間、そして本業や、運動や、交遊の時間をインフォグラフィクスにしたものをPodioが制作しており、その傾向は如実に窺えます。

　たとえば村上春樹やヴォルテールは午前4時に起床してすぐに仕事にとりかかっていますし、ベートーヴェンやユーゴーは午前5時に起床してやはりすぐに仕事にとりかかります。もっと時間が遅いトーマス・マンやフランクリンなどもいますし、まったく逆に夜に創作のピークがあるカフカ、フローベール、ピカソなどといった人物もいます。

　しかし朝型のアーティストはやはり多い傾向がありますし、そうした朝型の人物は起床するとすぐか、半時間ほどの朝食のあとにすぐにクリエイティブな仕事にとりかかっています。起きて、すぐに最も大切な仕

事にとりかかることができること。これが朝型の知的生活を持続している人の特徴なのです。

 ## 朝方のテンプレート

　私自身は朝型の知的生活者ではありませんので、一般的に早起きをしていわゆる「朝活」をしている人々の例をモンタージュにしてみたのが以下の図になります。

　ここでポイントになるのは二つの点です。出勤時間を8時台とした場合に何時までに起床して、どのくらいの知的生活の時間を確保するかと、夜は何時までに就寝するかです。

　たとえば私の知り合いには常に午前4時の起床を心がけ、4時から7時までは書籍の執筆にあてているという人もいます。その場合、夜の10時前には就寝する必要があるため、読書時間は帰宅後から眠るまでの一瞬に行うといったように、工夫をしていると聞きます。

　夜にすべての活動を集中させる夜型に比べて、朝型の人はクリエイティブな活動を起床後の最も集中できるタイミングで実行するかわりに、知的生活は朝と、夜の眠る前の2カ所に分離する傾向があるようです。これは先程のメイソン・カリー氏の著作のインフォグラフィクスにもみえる傾向です。

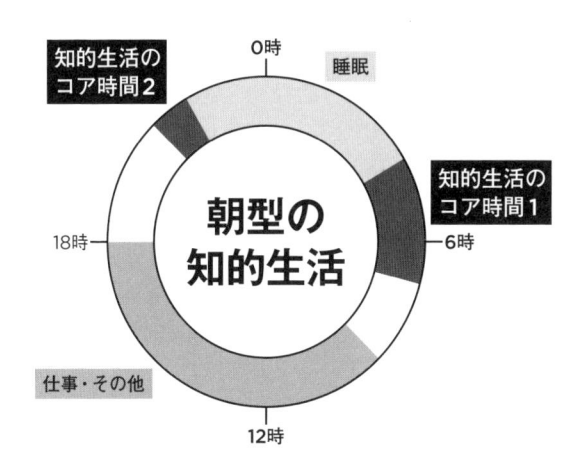

朝型のメリット

　朝型と夜型のどちらがよいかについては様々な研究や調査があり、一概にはいえないものの、朝型の人が持っている傾向として「プランニングが得意」「ポジティブで能動的な仕事の仕方をする」といったものがあることが知られています。

　また、起床してから午前中に集中力のピークを迎えるために、仕事の効率がその時間帯で最も高い傾向もあります。後述するとおり、朝型・夜型のスタイルは自分では選べないケースもありますので、自分が朝型に近いと意識したならば、本業や知的生活をその時間帯にもってくることで、自分の性質を有利に使うことが可能でしょう。

　一方、就寝時間を乱す傾向がある夜の急な予定や、不規則な仕事のペースは他の部分で吸収することが難しいために注意が必要です。

朝方にシフトする場合の生活の設計

　いま夜型の人が朝型にシフトする場合には、早起きは意思の問題だと考えて準備なしに取り組むのではなく、必要な平均的な睡眠量、前日の食事の時間、そして目覚めるための手段の三つを意識して、新しい生活を設計するのがいいでしょう。

　必要な平均的な睡眠量は人によって6～8時間を中心として幅がありますので、Apple Watchや活動量・睡眠トラッカーといったウェアラブルデバイスを利用してデータをとって把握しておきます。

　また、体内時計は食事と消化のタイミングによって大きな影響を受けることが知られていますので、早起きがうまくいかないときは、前日の夕食や夜食のタイミングも調整してみます。

　目覚める手段にも一工夫しましょう。アラームだけではなく、strategy 54で紹介したIFTTTとIoT家電による自動化も活用して、自動的に部屋が明るくなり、空調がかかるようにするなどといった準備をすることができます。

夜型人間の知的生活

「私は夜型（Night Owl）の人間だ。朝は運動をして、朝の9時には
オフィスにつき、午後の6時半ほどまで仕事をする。そして家族と夕食
をとり、子供と過ごして8時半には彼らを寝かせる。そして書類仕事を
11時半ほどまで片付ける。そして寝る前に半時間ほど読書をして、夜
半か、0時半には眠りにつく。ときには、もっと遅いこともある」

　このように述懐するのは大統領に就任しておよそ1年後のインタ
ビューに答えているバラク・オバマ氏です。世界で最も忙しい仕事の一
つに就いているにもかかわらず、どこか穏やかで、孤独を楽しむ余裕
すら感じられるのは、夜型のライフスタイルが影響しているのかもしれ
ません。

　知的生活のための時間を確保するためには、24時間の時間の使
い方を設計することも必要です。いつ起床して、いつ頃仕事に行くの
か。忙しい場合でも何時には帰宅し、家族とどのように過ごし、何時
から自分の時間を確保するのか。それぞれの日は多少時間が前後す
ることがあっても、理想的にはこのように時間を過ごしたいというテン
プレートがあるといいでしょう。

夜型のテンプレート

　まとまった知的生活の時間を確保するのに、大きく分けて夜型と、
朝型の2種類があります。

　この二つはある程度は選択することも可能ですが、体内時計は年
齢やその人の性質にも関係しているため、意志の力だけでは変えら
れない場合もあります。自分がどちらのタイプかは、しばらく両方を試
して最も習慣化しやすいほうを選ぶのがよいでしょう。

　その大きな分かれ目が、集中力が夜になっても途切れないかどうか

という違いです。2009年にリエージュ大学の研究者が十数人の極端な朝型の人と、極端な夜型の人を比べたところ、夜型の人は起床してから10時間以上経過しても集中力や、判断力が鈍らなかったのに対して、朝型の人は相対的に脳活動が低下するという結果がみられました。

　これはつまるところ、朝型の人の集中力のピークは午前中にあり、夜型はむしろ午後遅くから夜にかけて集中力が持続する傾向があるということです。みなさんも経験から、自分が最も集中力の高まる時間帯や、夜の何時までなら活動できるかを知っていると思います。知的生活の24時間テンプレートは、これを意識して設計する必要があるのです。

　知的生活を続けるなかで、最も能率が高い時間、読書などをしていて最もはかどる時間帯がしだいに見えてくることでしょう。また、最初に疲れてあくびが出てくる時間帯もしだいに意識できるようになるはずです。

　こうした体内時計のもたらす集中力の波は、意志の力だけでは変えられません。むしろ我々のほうでピークの時間に自分の知的生活をもってゆけるように調整するほうが賢いのです。

私の24時間テンプレート

　私もオバマ大統領と同じ、夜型のタイプです。朝の7時くらいに起床して8時から9時のあいだには職場に行き、それから夜の19時前後まではオフィスで本業についています。それから自宅に帰り、家族と食事をとって子どもたちを寝かしつける21時までは家族中心の時間です。そして21時から、午前1時頃までが、私の知的生活のコアタイムです。

　この4時間のあいだに、アメリカの朝のニュースに追いつき、ブログを書き、読書をして、さらに書籍の執筆や他の雑用をこなしています。

　私が夜型の生活を好むのは、性格的な理由もあります。原稿を執筆しているとき、読書を楽しむとき、私はどこからも別の声が聞こえる

ことがない、おそらくほとんどの人が眠っているであろう静けさのなかにいるほうが心が落ち着きます。

　松岡正剛氏は読書は「夜に根っこをのばす」（『多読術』）と表現しましたが、私の場合は雑音がきえ、自分の思考が妨げられることなく広がるように感じられるこの時間だからこそ、できることがあるように感じられます。それはまるで翼を広げるような感覚なのです。

夜型の人の注意点

　夜型のテンプレートを組む場合、当然注意すべきは睡眠時間の確保です。放っておけば午前2時でも、3時でも問題なく起きていられる夜型人間にとっては、どこで切り上げるかを決めておくのが大事です。

　睡眠時間があまりに短い状態が長く続けば、結局は昼間の能率も下がりますし、病気のリスクが高まって長期的な知的生活どころではありません。睡眠時間と関わりなく、夜型の人のほうが死亡リスクや、心理的な疾患の可能性が有意に高いという研究結果もイギリスでは報告されており、なにごとも程度しだいだということがわかります。

　睡眠時間の限界ラインと、コーヒーなどのカフェインの入った飲み物を飲んでいい最後の時間といったように、夜型の暴走を食い止める設計を取り入れることも、長い目でみると重要なのです。

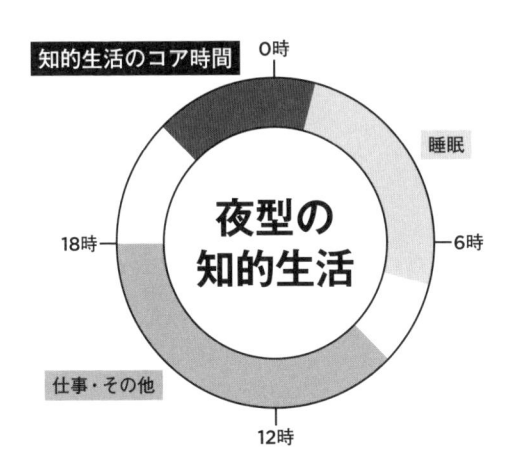

プログラミングは
現在の基礎教養

　SECTION03で私は、「デジタル化した書籍1000冊についてその平均サイズが107MBで、標準偏差が22MB」というデータをご紹介しました。正確にいうならば、その数字は107.62MBと21.50MBという数字になります。

　これを計算するのに、ファイルの一覧表をウィンドウ上に表示して、そのサイズ情報をExcelなどにコピーしてから計算するという方法もありますが、それではあまりに手間がかかります。実は私がこれを計算するのにかかった時間は数秒に過ぎません。自分のiMac内に用意してある20行程度のプログラムを使うだけで済んだのです。

　こうしたプログラミングのスキルはもはやエンジニアだけのものではありません。**プログラミングは手で行うには現実的ではない規模の作業をあっという間に片付け、大きな時間節約を実現できる「学べる魔法」**といってもいいでしょう。

　これを知的生活の武器として利用できると、得する場面は多くあります。

プログラミングの知識が、差を生み出す

　ここで「自分にはプログラミングの知識を使うあてなんてない！」と思った人もいるかもしれません。しかしそれは見たことのない道具の有用性がわからないので必要がない気がしているのと同じです。

　みなさんはふだんの作業でExcelやWordで繰り返し数字を入力したり、文字を置換したりといった作業を何度も繰り返すことはないでしょうか。

　単純な作業ならアプリケーションに機能があるかもしれませんが、場合分けをしなければいけないといったように、考えながら手で行う

必要がある場合もしばしばです。それを一度か二度行うだけなら苦になりませんが、もし1000回も繰り返すようならば作業量に呆然としてしまうはずです。

その作業は、プログラミングによって一瞬で実現可能になります。あるいは、ウェブで毎日同じ情報をチェックして、空欄に書き込むといった作業もあるかもしれません。それも、プログラミングで自動化することができます。

集めた情報を統計的に調べる、データに間違いがないかチェックする、ファイル名のフォーマットを統一するといった作業も時間をかければ手作業でも可能ですが、10000個のファイルやデータについて繰り返し、間違いなく実行するのは困難です。これも、プログラミングができれば数行で解決できる作業です。

作業を自動化して時間を節約するとともに、手作業では不可能なスケールで単純作業を何度でも実行できるところに、プログラミングのメリットがあります。まさにプログラミングは情報社会の基礎教養といってもいいのです。

 問 題 解 決 を 学 ぶ

プログラミングを学ぶべきもう一つの理由は、それが具体的な問題

Python	Windows、macOS。初心者向き。 テキスト処理からウェブサービス開発、数値計算、機械学習まで広範な応用範囲
シェルスクリプト	macOS、Unix系OS、 Windows subsystem for Linuxでも利用可。 ファイル操作や端末の自動化に効果を発揮する
R	統計計算と、作図
JavaScript	ブラウザを使ったアプリケーション作成
PHP	サーバー側でのアプリケーション作成

解決方法を考えるための道具でもあるからです。アップル・コンピュータの創業者のスティーブ・ジョブズはかつて「プログラミングはだれもが学ぶべきだ。それは思考力を学ぶことでもあるからだ」と語っています。

たとえば私は「今日は異常な暑さだ」「異常な寒さだ」といった言葉が深い検討なしに語られるたびに、自前のプログラムを一つ実行します。それは気象庁の全国の気象官署からデータをとりよせ、平年の数値と比べてからどれだけ異常なのかを計算し、説明するためのグラフを描くところまで自動的に行ってくれる、私の秘密兵器です。

それを使えば、私は「異常」とはなにか、その日の気象が「異常といえるのか」を実際のデータと、再現可能な手続きに基づいて説明できるようになります。このプログラムを実行して、結果が出てくるまでにかかる時間は、たった10秒です。

問題を具体的なアルゴリズムとして捉えることは、ロジカルに考え、例外を見逃さない厳密な思考をするのに役立つのです。

どんな言語を学ぶべきか

それではどのプログラミング言語を学ぶべきかという問題は、多くの人がお互いの持論をぶつけて争う、答えのない質問です。

しかし初心者の学習に向いており、Windowsでも macOS でも利用可能で、科学計算からウェブプログラミングもカバーする汎用性をもった人気言語ならば、いまならばスクリプト言語の Python を筆頭に挙げられるでしょう。

macOS で「ターミナル」アプリを開いてシステムをコマンドで操作し、様々な自動化を実現したいのであれば最低限の Unix シェルの知識、シェルスクリプトの知識も覚えておいて損はありません。

このほかにも、データに対して統計をとりたいのならば R、ブログやウェブサイト上で動くプログラミングをしたいならば Java Script や PHP といった選択肢もあります。

実際にエンジニアとして仕事をするのでなければ、こうした言語のすべてを学ばずとも、初歩的な部分を習得するだけで日常の自動化

や、作業の軽減に役立てることは可能です。

　目安として：

①大量のファイルの名前の変更や、フォーマットの変換

　たとえば数千のファイルの名前の変更、あるいは画像の横幅をすべて同じサイズに縮小し、形式をJPEGに統一するなどといった大量作業を一瞬で行うための道筋がつけられるか。

②大量な情報を検索できるか

　数百のファイルに散らばっている何万行ものテキストファイルのなかから、目的としている文字列が何回出現しているかを把握するといった検索のための手段があるか。

③ウェブから情報をダウンロードして自動的に処理を加えられるか

　ウェブサイトや、IFTTTなどといった仕組みで収集したデータに対して定期的に自動で処理を加え、条件に適合したら通知を送るなどといったような、手で行う作業をコンピューターに肩代わりしてもらうための仕組みを作れるか。

　このあたりを学ぶことができれば、知的生活や、実生活をラクにするためのプログラミングとしては十分でしょう。

　初歩的なプログラミングを学ぶために必要な投資は入門書を数冊、あるいはオンライン講座の受講、そして数週間の訓練です。単に知識を覚えるだけではなく、プログラミングを実践してバグに対応するスキルまで身につけるなら、これまで経験したことがないタイプの忍耐も試されるはずです。

　しかしそうした訓練にあてた時間は何百倍、何千倍にもなって返ってくる、確実な投資だといえます。

IFTTTとZapierで
日常の雑用を自動化する

　プログラミングとあわせて導入したいのが、手元のパソコン上だけではなく、様々なウェブサービス上の単純作業を自動化するための仕組みです。たとえば私は、ツイッター上で自分の名前や著書についての言及があったらそれを拾ったり、質問などがあったら答えることができるようにしたりするために、いわゆるエゴサーチをしています。

　しかしこれを手動で行うのは手間がかかりますので、IFTTTやZapierといったサービスを使って、一連の作業を自動化しています。

IFTTT をもちいた自動化

　IFTTTは（If This Then That）の略で、直訳すると「もしこれならば、あれをしろ」という意味になります。そしてその訳のとおり、IFTTTは一つのウェブサービスで発生した結果を別の場所に引き継いで作業を自動的に実行する仕組みを実現してくれます。

　IFTTTの自動化はアプレットと呼ばれ、トリガーとアクションの二つ

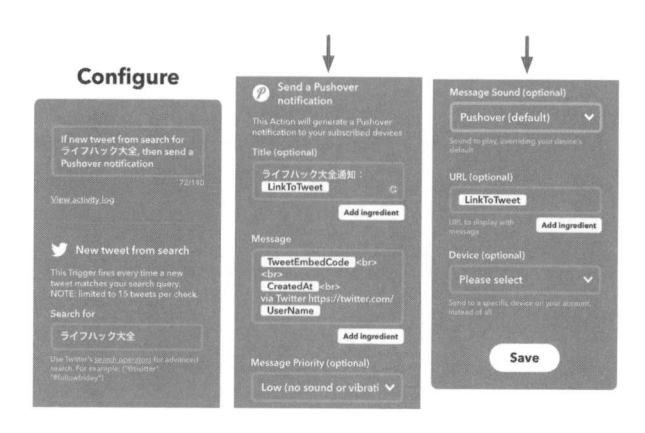

IFTTTによる自動化の例

で構成されています。たとえばツイッターでのエゴサーチの例の場合、ツイッターで「ライフハック大全」といった文字列が新しく検索されることがトリガーになっており、それを私のスマートフォンに通知する部分がアクションに対応しています。

似たような仕組みで、特定のブログが更新されたらその情報を記録する、Gmailに添付ファイルのついたメールがきたら自動的にそれをDropbox に保存する、Facebookで自分の名前がタグ付けされた写真があったらそれをiPhoneに保存するといったように、あるサービスと別のサービスを結びつけることができるわけです。

IFTTTの自動化はそれほど複雑な設定をすることができないかわりに、スマートフォンとの連携が強力です。たとえばスマートフォンをもって特定の場所に近づいたらその時間をGoogleスプレッドシートに追加するといったこともできます。日常で二度三度と繰り返すような作業があったら、まずは自動化できないかを検討してみましょう。一度の設定で、膨大な時間を節約できる可能性があります。

Zapierによる複数段階の自動化

IFTTTとともに最近注目が高まっているのがZapierです。ZapierもIFTTT同様、複数のウェブサービスをつないで作業を自動化する

Zapierによる多段階の自動化の例

仕組みですが、より柔軟に複数ステップの自動化や、条件分岐、あるいは Webhook（異なるウェブサービス間で、通知やデータのやりとりを実現するための仕組み）対応といった高度な連携が可能になっています。

オークションアプリで有名な株式会社メルカリではプログラミングができない人を含む250人の社員が400個を超えるワークフローを Zapier で作成して、日々の業務を自動化しているといいます。「2度繰り返す作業は必ず自動化する」のを目標として地道な取り組みを行った結果、膨大な時間が節約できただけではなく、通知を見逃さない、作業をワークフローの形にして他人に引き継ぐことができるといったメリットが生まれたのです。

Zapier での自動化は「Zap」と呼ばれ、IFTTT と同様に Gmail や Dropbox といったウェブサービスをつないで作成します。Zapier の場合、あるステップからステップにデータを接続する際に、ある条件でしか自動化が発動しないようにするフィルター機能や、データを特定の書式に変換するフォーマッタといった仕組みを通過させることができます。

たとえば Gmail にメールが届くことをトリガーとした場合、添付ファイルがあった場合だけに絞り込むフィルターを利用することができますし、受け渡しているのが数字ならばフォーマッタで桁をそろえてから次のステップに渡すといったことができます。

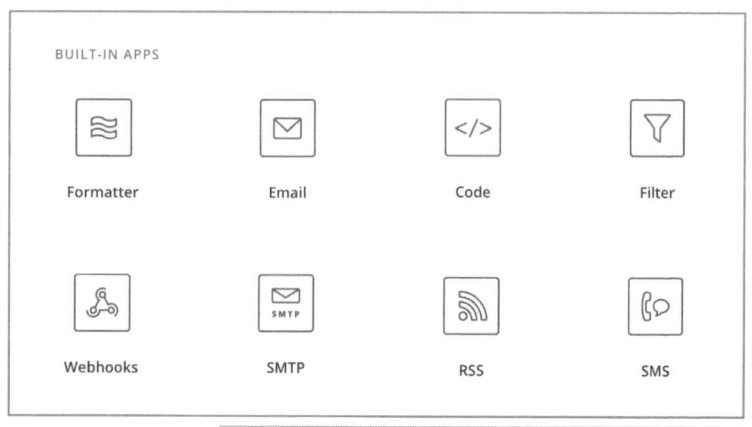

BUILT-IN APPS

| Formatter | Email | Code | Filter |

| Webhooks | SMTP | RSS | SMS |

Zapierがもっている条件分岐などの高度な自動化のステップの例

また、Zapier自身に結果に対してメールを送る、SMSを送る、別のウェブサービスにWebhookを使ってデータを渡すといった、プログラムに近い機能が備わっています。組み合わせと工夫次第で、人間が実行していたら手間のかかりすぎる作業を預けてしまうことができるのです。

通 知 を 一 箇 所 に ま と め る

　IFTTTとZapierで行う自動化のなかでも特に注目したいのが、分散している通知を一箇所にまとめるという考え方です。

　私たちは気づかないところで断片化された様々な通知に囲まれています。メールの着信通知はメールを開かないと見えない、ブログが更新されたことはRSSリーダーを開かないとわからないといったように、情報が更新されたことを知るための視線を向けるべき場所が多すぎるのです。

　そこでIFTTTとZapierで念入りに作りたいのが、必ず目を通したい出来事があった場合に、それが見やすい場所に集約されているというノーティフィケーションの設計です。

　たとえばすべてのメールについて通知がくるのは面倒ですが、数人の重要人物からのメールがあったら通知が飛ぶといったような設定をしておけば、大半のメールは受信時に無視しつつ、大事なものだけは数秒以内に反応するというスタイルがとれます。これは無視している膨大なメールの数の分だけ、集中力を節約することでもあるのです。

　注目しているブログが更新された場合、雷雲が接近しているといった気象警報、問い合わせフォームに新しい書き込みがあったといった重要な出来事についてワークフローを作成して、スマートフォンの通知や、Slackのスレッドに書き込みが行われるように設定しておきます。

　自動化をする理由は、一つには自分で手を動かすかわりにコンピューターに作業をやらせるためですが、もう一つの理由は貴重な集中力を節約し、情報に煩わされる回数を減らすためでもあるのです。

音声認識を使った文章の高速プロトタイピング

　プログラミングの世界では、仕様に基づいて完成品をいきなり目指すのではなく、まずは動作する初期的なプロトタイプを作成して、それに基づいてさらに機能を盛り込んでゆく「プロトタイピング」という手法がよくとられます。

　これは、仕様を作った際にはどのような完成品が望ましいのかがそもそも曖昧で、実際に作ってみたら問題点が浮かび上がることが多いため、早めに方向性を変更するために用いられる現場の知恵です。

　文章を書いている際にも、似たような状況が発生します。書きたいテーマはわかっているものの、そこに至るまでのプロセスのすべてが見えていないために、書きはじめてから暗礁に乗り上げたり、全部を書きなおしたりすることがあります。

　そこで、マインドマップと、スマートフォンやパソコンにいまでは標準的に備わっている音声認識機能を利用して、いきなり文章のプロトタイプを作ってしまうという執筆方法がおすすめです。

まず、骨組みをマインドマップで作成する

　この方法を使うには、まず文章の基本的な構成の骨組みだけをマインドマップで作ってしまいます。たとえば平均的な寄稿記事の場合、全体の長さが2500文字程度で、それが2個、あるいは3個の見出し付きのまとまりで書かれています。そこでマインドマップにまず3つほどの枝を描いて全体の流れを予想してみます。

　そうした枝に、文章で説明したいことの流れを数行で書き込んでいきます。説明があり、逸話が引用され、「しかし」と話を受けてから、結論に向かうといったように、具体的な文章を書く前に文章の雰囲気をつかんでおくわけです。音楽で言うならば、これはコード進行に相

当する文章の流れです。

　こうして文章の設計図がマインドマップでできたら、これに従って、音声認識で下書きを書いていきます。音声認識を使う理由は、それが実際に書くのに比べて高速であるとともに、いちいち正しい表現や句読点などといったもので中断されることなく、思考を追い出すのに向いているからです。

　音声認識のコツは、一段落ずつなにをしゃべりたいのか考えたうえで、ゆっくりと複数回で収録することです。たとえば私の場合、音声認識で収録するのは一度あたりせいぜい140文字、ツイッターのつぶやき一つ分程度です。これを4〜5回繰り返すと、先程の大きな「枝」を埋めることができ、ものの10分ほどで1000字から1500字のプロトタイプができます。

　音声でしゃべっていると、思わず面白い比喩や表現が飛び出すこともありますし、言い間違いに戸惑うこともあります。言い間違いについては同じ部分をそのまま二度収録してあとで消し、面白い表現はそのまま最終稿に活かします。

　こうしたプロトタイプを骨組みとして、最終的な文章を作ってゆくほうが、最初から完成された文章を作るよりも高速で、しかも面白いものが作れる傾向にあります。

　原稿執筆のような知的な作業でも、ツールを駆使してそのプロセスを加速するワザとして身につけておきましょう。

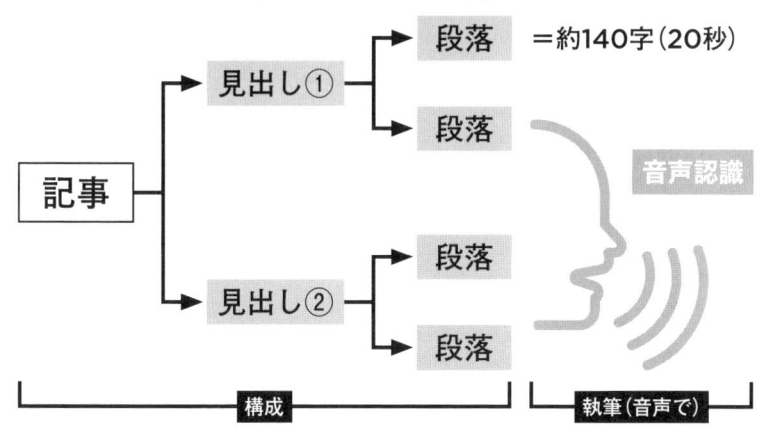

機械学習のツールで
執筆の精度を高める

機械学習や人工知能が発達してくるにつれ、人間の知的作業の一部も、コンピューターがこなせるようになりはじめています。

たとえば翻訳についてはGoogle翻訳がすでにリカレントニューラルネットワークを使用しはじめてから急速に精度が向上し、単純な逐語翻訳ではなく文脈に対応した翻訳が可能になっています。また、一部の新聞社では企業のリリースなどを解釈して自動的に記事を執筆するシステムが開発されているほどです。

まだまだ、人間の知的活動のすべてをコンピューターで置き換えるのは無理でも、すでに利用可能なものは積極的に利用することで、空いた時間をもっと有効に使えるところまで技術は進歩しています。

それらしい英文に修正してくれるGrammarly

一般のユーザーが利用できるそうしたツールに、機械学習を用いた英文校閲サービスのGrammarlyがあります。Grammarlyは単純な単語の間違いだけではなく、目的に応じた表現の選別まで行うことで、書き手の個性を尊重した精度の高い英文作成を支援します。

Grammarlyで文章を書きはじめる場合、最初に文章の目的を「情報を伝える」「説得する」「ストーリーを伝えたい」などといったように選び、読み手が一般読者なのか、それとも興味のあるアマチュアなのか、その道の専門家なのかも選ぶことができます。また、フォーマルな文章なのかくだけた文章なのか、感情をこめるかどうか、執筆している分野はなにかといった詳細も選択可能です。

これまでは訓練をしてからでなければ精度の高い英語を書けなかったのが、こうしたツールで訓練そのものを近道することができるのが、Grammarlyのようなツールの魅力です。

日本語の執筆をサポートしてくれる「文賢」

「文賢」はGrammarlyと似た、ライター向けの日本語の推敲・校閲支援ツールです。

　たとえば誤字脱字、誤用や重複表現といったように、気をつけていれば気づくものの、機械的に指摘してもらったほうが手軽な文章の修正点について、文賢はまとめて表示してくれます。

　これに加え、別表現の提案や、助詞の連続使用、二重否定のチェック、ひらがなで書いたほうがよい語句、表現のゆらぎ、句読点の頻度、文末表現の連続使用などといった、読みやすさを向上させるポイントも指摘してくれます。まさにライターであっても気をつけなければ入り込んでくる間違いや拙さを、ツールでカバーできるのです。

　こうしたツールがなくても、文章を書くことは可能です。しかし人間が頑張るよりも、ツールに指摘できる程度のものはツールに従ってすぐに修正してしまい、人間はさらに高いレベルでの知的活動に集中したほうが生産性は高くなります。

　今後増えてくる、こうした人間の能力を支援してくれる機械学習ツールは、必ず一通り触れてみるようにしましょう。

Grammarlyの機械学習エンジンで英文をブラシアップする

スマートスピーカーと
ホームオートメーション

書斎のなかの情報機器は、和文タイプライターを使っていた梅棹忠夫氏の時代から、ワープロ、パソコン、そしてスマートフォンやタブレットといったように、その時代の最先端を取り入れることでより巨大な情報を扱えるように進化してきました。

この流れに革命的な変化を起こしつつあるのが、近年普及してきたスマートスピーカーと、IoT家電の存在です。

Google Home や人工知能エンジンAlexaを組み込んだAmazon Echoといった端末、あるいはiOSやmacOSに搭載されたSiriは、初めて人間が主体的に情報を探すのではなく、音声認識を通して機械が判断して情報を整理する時代を切り開いたといっていいでしょう。

機械学習を応用したこれらの端末はまだ現時点では簡単な仕事しかこなせませんが、それぞれの会社の不断の開発によって日に日にできることが増えています。たとえばAlexaが対応している「スキル」は約100日おきに5000個が追加されるペースで増えており、現時点で35000種類の機能を試すことができます。

そこで、現時点では音声でなんでもこなせる万能の機能を求めるよりも、こうしたスキルのなかから動作することがわかっているものを繰り返し利用することで時間の節約に使うのが賢い使い方です。

また、たとえばIFTTTにはGoogleアシスタント経由でEvernoteにメモを追加する、タスク管理サービスTodoistにタスクを追加する、カレンダーに予定を追加するといった実際的な機能もあり、十分現実的に利用できます。

日常の一部を少しずつコンピューターに預けてゆくように、信頼して利用できるコマンドを少しずつ増やしてみましょう。

早めに導入したいIoTデバイス

　スマートスピーカーとともに早めに導入したいのがコンピューターから操作できるIoTデバイスです。

　たとえば「LinkJapan eRemote」を使えばエアコンや照明、コンポのリモコンを登録して、スマートフォンを通して電源のオン・オフから温度の設定まで出先から行うことができますし、「TP-Link WiFi スマートプラグ」を使えば、IoTに対応していない機器も電気のオン・オフを行うことができるようになります。もちろんこれらの機器はAmazon Echo / Google Homeなどと連携することも可能です。たとえば自宅の外から部屋の気温をNetatmo気象センサーで確認し、暑すぎる・寒すぎるようならばeRemote経由で帰るまでに適温にして、同時に部屋の電気をつけておくといったことも可能になります。

　スマートスピーカーとIoTデバイスを組み合わせれば、やがて家のなかのすべての家電が操作可能になるでしょうし、情報の取得から追加まで、様々な操作が音声だけで可能になるでしょう。

　現時点ではそこまで利便性は高くないものの、この分野はやがて、かつてワープロがそうであったように爆発的に普及することが予想されています。ちょっとしたタスクや1分2分の節約からでもいいので、使いはじめておいて損はないでしょう。

Google Home（左）とLinkjapan eRemote（右）

Evernote「スペース」を使って電子図書館を作成する

Evernoteは個人で利用するのが基本ですが、より文書の共有やアクセス権の制御を念頭においたビジネス用のサービスとしてEvernote Businessが存在します。

たとえば個人が作成した書類を会社の文書管理システムに登録してチームで閲覧できるようにするといったように、Evernote Businessは個人のノートをチームのノートに変えて利用することを可能にしてくれます。

しかしこのEvernote Businessアカウントは、実は一人でも開設することができます。月額利用料が多少高めになりますが、その大きなメリットとしてスマートフォン用のアプリで二つのアカウントを切り替えて利用可能になることと、Evernote Business専用の「スペース」という機能が使えるようになる点があります。

スマートフォンのEvernoteアプリでは通常のアカウントと、Businessアカウントの二つのあいだを切り替えることができますので、両方とも利用することによって、情報を乱雑に入れている通常アカウントと、より重要なノートだけが集積しているBusinessアカウントのあいだで情報を移動しながら利用ができます（strategy37を参照）。

スペース機能で擬似的な図書館をいくつでも作成する

「スペース」機能は、Businessアカウントに登録されたノートを「集合」にして、登録しているチームと共有するための機能です。たとえばデザインチームでレイアウト案や、ワイヤーフレームの案を共有しているスペースがあれば、もともとのノートの持ち主が誰であれ、それを全員で利用できるわけです。

一人でBusinessアカウントを利用している場合、この「スペース」

はまるで本棚のように使えます。

Evernoteのノートは Businessアカウントで上限が200MBになっていますし、月間のアップロード容量は20GB超とかなり制限がゆるくなっています。電子化した書籍は平均で100MB程度ですから、これを利用して1冊の電子化した書籍を一つのノートに入れ、それを「スペース」機能でいわば文書館に仕立てることができます。

「スペース」の利点は、ノートは複数の「スペース」に存在してもかまわないところです。「すぐに読む」というスペースのなかにあるノートが、「SF」というテーマのスペースに存在してもよいので、本や、メモや、任意の数の資料を、その都度の仕事の「スペース」に入れて整理しておくことが可能なのです。

とある本の執筆のために必要な資料を集めたスペースを作りつつ、あなたとBusinessアカウントを共有している人向けに同じノートが含まれる別のスペースを作ることだって可能です。

決して安くない Evernote Business の利用料ですが、情報量が膨大な場合は、このスペース機能のために一人で利用するのも悪くないほど、先進的な情報管理ができるようになります。

Evernoteスペースを利用してEvernote内に電子書籍の本棚を再現する

どこでも集中空間を生み出せるイヤーマフの効果

　カフェやコワーキングスペースを仕事場にしたときに、集中力をかき乱すのが周囲の雑音です。ある程度の雑音ならば作業がはかどるのに、特定のタイプのしゃべり声のせいで居心地が悪くなってしまうということもあるでしょう。

　そうしたときに、効果を発するのがノイズキャンセリング・ヘッドホンや、イヤーマフです。

　ノイズキャンセリング・ヘッドホンは周囲の音と逆位相の音を発生させることで雑音を遮減させることができるため、たとえば音楽を周囲の雑音に負けないように大音量でかけなくても、周囲の音をカットすることができます。ただし、多くのノイズキャンセリング・ヘッドホンは安全上の理由で人の声の周波数帯は通過するように作られていますので、人混みの音を消すのには向いていません。

　そこで、提案したいのがF1サーキットや、空港などといったように轟音が発生する場所で利用されるイヤーマフです。最近は子どもの耳を守るためにコンサート会場で着用したり、聴覚過敏の人が周囲の環境から受ける影響を制御するために使用することも増えており、日常でも見かけるようになりました。

　イヤーマフは軽量で簡単な構造をしており、耳を覆うカップの部分にウレタンの吸音材を入れることで防音効果を生み出しています。電池などがいらないのも、利点の一つです。

ストレスを減らす、イヤーマフの効果

　私たちは知らず知らずのうちに、様々な音にとりかこまれて生きています。静かだと思っているような場所でも、パソコンや換気扇のファンの音や、遠くを走る車両のタイヤが発生させる低い音などといったよう

な音が存在し、完全な静寂はなかなか経験できません。

　イヤーマフを着用すると、こうした音をほぼすべてシャットアウトすることができます。仕事場で音の影響から解放されたいとき、新幹線や飛行機のなかで雑音のストレスから逃れたいとき、そして家のなかでも完全な静寂のなかで休みたいときに、イヤーマフは効果を発揮します。他の人もいる場所にいながらにして、一人で籠もっている感覚を生み出せます。

　私はたとえば集中した読書を楽しみたいときにはイヤーマフを装着することが一種のスイッチになっています。完全な静寂のなかに身を置いて、本と向き合う気持ちは格別のものがあります。

　様々な製品が存在するイヤーマフですが、海外でも広く使用されているのはスウェーデンの空軍パイロット用の聴覚装置の技術を取り入れた、3MのPELTORシリーズです。

　吸音部分が大きく、見た目はおおげさになりますが3M PELTOR Xは近くを走る車両の走行音などといったものも完全に防ぐことができるため、特に騒音に悩まされている人におすすめです。

　カフェなどに持ち歩くためなら、もう一段階小さい3M PELTOR X1Aがバッグなどにも入るサイズで便利でしょう。

3M PELTOR X(左)とPELTOR X1A(右)

Omnichargeで
電源自体を持ち歩く

レストランや、カフェなどのWi-Fi環境が整ったことによって、出先でも原稿の執筆から動画編集まで、知的生活に関わる様々な作業が問題なくできるようになってきました。

しかしなかなか解消されないのは、電源の問題です。モバイルバッテリーは大容量化、低価格化したものの、パソコン、カメラの充電、それ以外の周辺機器のようにAC電源が必要なものもあります。

カフェには席に電源がついている場所も多いですが、必ずその席を確保できるとは限りませんし、電源のない店に入ったが最後、バッテリーの限界が作業の限界ということになりかねません。

こうした状況を解決するために電源そのものを持ち歩いてしまうという発想で作られたモバイルバッテリーが、Omnichargeです。

Omnichargeには2種類のモデルがあり、片方のOmnicharge 20は通常のUSBポート経由の給電に加えて、100WのAC給電が可能になっています。電源アダプタをここにつなぐことでパソコンに直接給電することも、プロジェクターや、ScanSnapなどの機器を動かすこともできます。

電源がない、あるいは電源からの距離が遠い場所でも機器を動かすことができますし、Microsoft SurfaceやAppleのMagSafe 2端子に対応したOmnicharge用のケーブルがあれば、電源アダプタすら持ち歩かずに給電することができます。

もう一つのモデル、Omni 20 USB-CにはAC給電機能はないものの、2つのUSB Type-C給電と、USBハブとしての機能があり、対応するパソコンを給電するだけでなく、データ転送にも利用することが可能です。

どこからでも充電し、どこへでも給電する

　Omnichargeのもう一つの面白い機能として、入力用のDC端子に対応してさえいれば、36Vを上限としたどのような電源からでも本体を充電することができるというものがあります。

　この機能を使えばOmnicharge自体を車や、専用の太陽光パネルなどからでも充電することが可能になります。つまり都会だけではなく、安定した電源施設がない場所やアウトドアにまで活動範囲を広げることが可能になるのです。

　たとえばこれまでプロジェクターを持ち出せなかったような屋外でのイベント用の電源にしたり、充電することができない自然の真っ只中で太陽電池パネルだけで電源を取り続けたりといったことも原理的には可能です。

　スマートフォンの充電のためにモバイルバッテリーを持ち歩くのが常識になったように、パソコンと周辺機器を動かすために電源を持ち歩く、そんな新しい常識をOmnichargeは提供してくれますし、「外の書斎」を維持するための秘密兵器としてこうした電源周りの新技術を気にしておくのは有益です。

AC出力に対応したOmnicharge、Omni 20（左）と専用太陽電池パネル（右）

クラウドソーシングサービスを使って単純作業を他人に依頼する

考古学者のシュリーマンはその自伝である『古代への情熱』（岩波書店）のなかで、奇妙な言語学習方法について書いています。

ロシア語を独学するために彼の子ども時代からの情熱である「テレマコスの冒険」を朗読するのですが、誰か聞かせる相手がいるならもっとはかどるだろうと考え、一人の男を雇うのです。その男は毎日シュリーマンのもとにやってきて2時間の朗読を聞くのですが、自分ではその綴り一つさえも知らないのです。

これはいささか極端な方法ですが、もし雇われる側が納得しているのであれば有効な手段であるのは間違いありません。自分にはできないことや、自分ではできるものの手間がかかる作業をアウトソーシングすることもときには必要なのです。

クラウドソーシングサービスで手伝いを募集する

以前ならば手間と時間をかけてアルバイトを求人した作業も、いまならオンラインのクラウドソーシングサービスを利用することで簡単に人手を借りることができます。

たとえばクラウドソーシングの大手であるランサーズやクラウドワークスには、録音の文字起こし、手書きのメモの書き起こし、データの入力や整理などといった単純作業、ロゴの作成、プログラミングといった高度なスキルが必要なものまで、多数の募集があります。

こうしたクラウドソーシングサービスは粗悪な記事の執筆代行やステマ依頼などが横行した例もあって評判が良くない面もあります。しかししっかりとした仕事を、それに見合った価格で依頼するには利用価値の高いサービスといえるでしょう。

たとえば情報カードをデジタルな目録にしたいと考えた場合に、その

スキャンデータをJPEG画像で用意してDropbox などからダウンロード可能にしておいて依頼先に届け、その表題を文字起こししてもらうといった単純作業が考えられます。あるいはインタビューの文字起こしのような、膨大な時間のかかる作業を、それに見合った報酬で依頼するのもよいでしょう。

　クラウドソーシングを依頼する際には、作業が明確で、時間を見積もることができる作業のほうが、依頼する側としてもラクになります。クラウドソーシングサービス上には「情報を検索して調べてほしい」といった依頼が数多くありますが、どこまで調べて、どれだけ手間をかければいいのか不明確ですので、こうした依頼は避けるのが無難です。

　結果が検証可能だということも重要です。文字起こしなどといった作業はどれだけ時間がかかるか推定がラクですし、結果が合っているか間違っているかがひと目でわかりますので、依頼しやすいわけです。

　また、あくまでネット上の知らない人に仕事を依頼しているという点に留意して、漏れてはまずい情報や、個人情報の扱いを依頼することは避けるという注意も必要です。

　わかりやすい作業を、適正な価格で依頼している分には、時間のかかる求人の手続きを近道できる分だけ、時間をお金で買っているメリットがあるのです。

知的投資と 収入のための 「知的ファイナンス」

長い目でみた知的生活を支える
お金との付き合い方と、積み上げた
知的生活の成果で活動資金を得る
具体的な方法について見てみましょう。

毎月収入の5％を 知的投資にまわす

本SECTIONでは知的生活のファイナンス、つまり長い目でみた知的生活を維持するための金銭面の問題について扱います。

読書論や知的生産を扱った書籍で、お金の問題を論じているものはそれほど多くありません。知的活動はお金のことを気にせずにストイックに行うものだと考えている人も多いですし、お金の話を持ち出すと怒り出す人も少なからずいます。どこかで、お金の問題を論ずることは「はしたない」というブレーキがかかるのかもしれません。

しかし、現実問題として知的生活にはお金がかかります。書籍にも、音楽にも、映画にもお金はかかりますし、芸術の制作から取材の旅行に至るまで出費がともなわないものはありません。

捻出できる金額と自由になる時間。この二つが知的生活の"天井"になっている以上、時間を管理するのと同じように、お金の管理は意識せざるをえないのです。

若いうちに身銭を切る

渡部昇一氏は『知的生活の方法』の「身銭を切る」という節で、自分で購入した書籍でライブラリーを作ることによって目利きの力が増してゆくことに言及しています。「凡人の場合、身銭を切るということが、判断力を確実に向上させるよい方法になる」、つまり損をしたくないという誰にでもある気持ちを使って、書籍を選ぶ力を養ってゆくという考えです。

この教えに従って、私は学生時代の頃からけっこう無茶な知的投資を行ってきました。

あるいは私は、少し素直すぎたのかもしれません。本の購入にお金を使いすぎるために月末には食べるのにも困り、デパートの試食品

売り場で多少空腹を満たしては、残った小銭を集めて書店に向かうということも、一度や二度ではありませんでした。知的生活には、どこかこうした狂ったところが多少はあるものなのかもしれません。

しかし若い頃のこうした極端な投資は、私の知的生活を支える背骨になりました。まだリスクの少ない学生のうちに金額の限界を意識するとともに、惜しげもなく投資をすることのメリットを同時に追求することができたのです。

お金の長期投資の考え方では、なるべく若い頃から、長い時間をかけて資産を育てるのが間違いない方法だといわれますが、これは知的投資についても同様です。たとえ少額でも早いうちに始めることで、1. 早い段階から知的積み上げが始まる、2. 早いうちに失敗の経験をすることでその後ずっと応用できる選球眼が身につくという、二重の効果がでてきます。

長期的な知的投資に5％を取り分ける

貯金や投資は、ふだんからお金を取り分けておくことによって将来にわたる経済的な安定を設計することと、長期的に見て利益を最大化するために行われます。このアナロジーは知的積み上げにもそのまま応用できます。

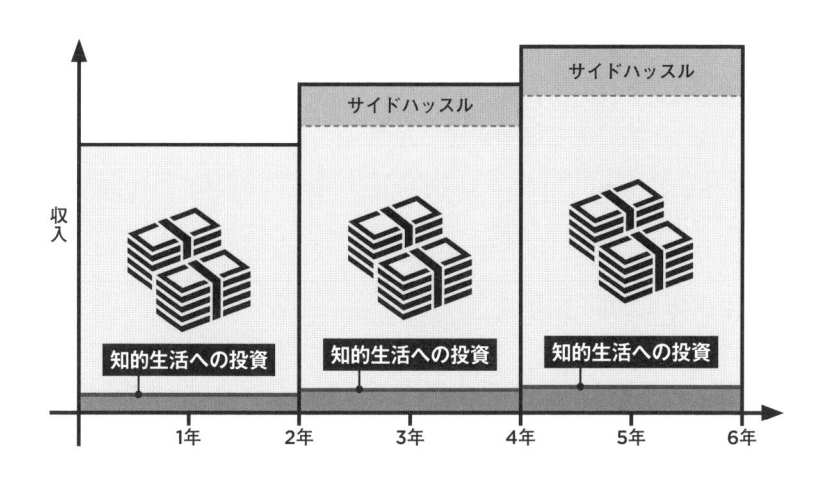

書籍を購入するための出費、映画や音楽を視聴するための出費、娯楽に対する出費をムダ遣いと考えるのではなく、長期的にみた自分の成長に欠かせない投資だと考えるわけです。そのために毎月一定額の予算をあらかじめ取り分け、最低限の知的投資を意識的に行います。

　一定額を取り分けるということは、その予算の範囲内ならば気にすることなく出費をしてもよいという自由を自分に与えることでもありますし、その額までは必ずなんらかの知的インプットを探すことを自分に義務付けるということでもあるのです。

　たとえば、以下のような計算式を作ることができます。月収が仮に300,000円だったとして、必ずその5%を知的積み上げのために使うのならば、月の割当額は15,000円、年間で180,000円になります。

　書籍の金額はジャンルによって大きく幅がありますが、仮に800円程度だと見積もるならば、年間の購入冊数は225冊、週平均4.3冊という計算になります。

　自分の知的インプットのペースからみて、これは多いでしょうか？少ないでしょうか？　あなたが設計している知的インプットのスピードしだいではこの割合は8%、あるいは10%になるかもしれません。

　収入と生活の出費から逆算して、もっと少ない金額しか許容できないという場合もあるでしょう。「もっと金額をかけることができれば思いのままに知的インプットができるのに」という悔しさは私にもわかります。しかしまずは、無理のない範囲で知的投資額を決めて、長い目でみて毎月自分にそれを許すことを続けましょう。

　早いうちから、できる限り着実に知的積み上げのためのライブラリーを構築してゆけば、やがてその積み上げがあなたを助けてくれる日もくるはずです。

10年の知的投資

　毎月、一定額を知的投資にまわすのは「もっとお金ができてから知的投資をしよう」という発想をなるべく避けるためでもあります。お金

の長期投資と同じで、あとになってから「10年前から投資をしておけばよかった！」といっても失われた機会は戻ってきません。

たとえば先程の例で、5%の知的投資を5年続けている人は1125冊の書籍の積み上げを行うことになります。10年ならば2250冊。途中で収入が多少増えているならば、それ以上の蓄積になっていることでしょう。ここまでくれば、なかなか立派なライブラリーです。

逆に5年、10年と知的投資をしてこなかった人が、あとから急にそれを始めようとしても、およそ数百万円分の書籍を購入するお金もなければ、それを読むための時間を捻出することも不可能でしょう。

自分はまだ収入が少ないから知的積み上げのために投資できる金額は少ないと考える人は多いかもしれません。しかし知的投資は、どんなに少なくてもあとで行うよりは価値が高いものなのです。

いまを愉しみ、未来の知的積み上げにも期待するからこそ、どれだけ少額でもできる限り早いタイミングで始めるほうがよいのです。

趣味に予算的制限を
つけて、
大きく育てる

　未来に向かって大きな計画をもっていても、いまはそのための出費が不可能だということもあるでしょう。そうしたときには、とりあえず追加の出費が少ない、あるいは無料でできる形で積み上げを開始して、おいおいそれを成長させるという考え方もあります。

　たとえば書籍を買うための資金がないなら「図書館で見つけたすごい本」というテーマで興味を追求してゆく手もありますし、カメラを買い換えることができない場合はスマートフォンのカメラとアプリだけでどこまで撮影できるかという挑戦をすることだってできます。

　あえて制限をかけることによって、既存のジャンルの新しいニッチを見つけることも可能になります。

　たとえばスマートフォンの写真はその昔は解像度が低く、暗所ではノイズが多すぎるために、専門のカメラに比べるべくもないと考えられていました。しかしそうした限界のなかでクリエイティブな作品を撮影する人が増え、しだいにスマートフォンのカメラの機能が高まってきた結果、いまではiPhoneフォトグラフィーという専門の分野も、IPPAWARDSのような写真コンテストも存在しています。

　制限のなかにこそ、次の分野の芽があると考える人にとって、予算的制約やハードウェアの制約は、ゲームのルールのようなものです。ルールの制限のなかでどこまでいけるかを、自分に課して楽しむわけです。

スマートフォンだけでできる情報発信が増えてきた

　また、スマートフォンを維持することができれば、それだけで可能な知的生活の種類も増えてきました。ブログや書籍の執筆、ポッドキャストの発行、YouTube動画の撮影と編集、作曲や編曲とそのアップ

ロード、イラストレーションといったものがすべてポケットのなかの端末だけで実行可能なのです。

　もしこうしたミニマルな知的環境を考えるならば、おそらく現実的な構成として以下が考えられます。パーソナルスペースは最低限にし、積み上げている情報の置き場所はクラウドを意識することで出費を：

- コンテンツ購入費
- スマートフォンとその通信費
- 自宅でのインターネット回線
- アプリ購入費

　に抑えるのです。これ以外のサービスについては、たとえばEvernoteやDropboxにも無料利用分がありますので活用できますし、定額サービスを利用することで出費を抑えることもできます。

　たとえばあえて「Spotifyだけで完結する音楽ブログ」といったものを考えてもいいですし、「Kindle Unlimitedだけで完結する書評ブログ」といった発信も可能でしょう。iPhoneだけで撮影と編集を行うYouTube投稿者や、ポッドキャストという戦略も、いまではアプリが充実してきましたので専門的な知識がなくても実行可能です。

　事業を小さく始めてやがて大きくしてゆくように、知的生活の積み上げも無料のものから始めてやがて様々な分野に伸ばしてゆくことも、戦略として十分に面白みがあるといえるでしょう。

知的生活を支える
サイドハッスルのすすめ

　本業の収入の一部を割いているだけでは、なかなか知的投資にかけられるお金を増やすことはできないという現実もあります。また、ふだんの生活の浮き沈みに対して自分の知的生活の出費を一定にすることが困難な場合もあるでしょう。

　そこで考慮に入れたいのが、本業と並行して行う副業、欧米で「サイドハッスル」と呼ばれているライフスタイルです。

　副業というと、本業での収入を補うために行う二つ目の仕事という捉え方が強いので、あまりポジティブな印象をもっていない人もいるでしょう。また、職種によってはそもそも副業が禁じられている場合もあるかと思います。

　ここでいうサイドハッスルは、もっと努力をして、自由時間をすり減らして収入を増やすものではありません。むしろ、すでに持っているスキルや情報を活かすことで、実践することが苦ではない活動を収入に変えるための発想を指しています。

　知的生活の文脈でいうならば、あなたの知的積み上げの活動にそれ自身を一部なりとも支えてもらう収入源のことを指します。いうなれば「知的サイドハッスル」といってもいいものです。

サイドハッスルの様々な例

　ブロガーのクリス・ギレボー氏は "$100 Startup" あるいは "Side Hustle" といった著作で、自分がたまたまもっていたスキルや知識を、小さなスケールのビジネスに変えることで収入源にする話題について触れています。

　たとえば写真のスキルをもっている人が友人や知人のために家族写真を撮影するといったものや、プログラミングのスキルをもっている人

がそれをオンラインコースで提供するといったように、それを本業として行うのには困難があっても、サイドハッスルとして小さく実行することが可能なものは様々にあります。たとえば：

- ハンドクラフトや芸術が趣味ならば、それをEtsyやBASEといったサイトで販売する
- 旅行について経験が豊富にあるならば、トラベルガイドを作成したり、外国でありがちなトラブルへの対処法をまとめるコンテンツを作成したりして販売する
- 特定のテーマに詳しいなら、ブログやポッドキャストを立ち上げてスポンサーを募る
- 自分の知的積み上げに基づいてコンサルティングを行う、書籍を執筆するといった活動を行う

　こうした活動は、あなたの知的積み上げのスキルを活かしつつ、それを小さなビジネスにすることによってさらに積み上げが期待できるものといえます。

　サイドハッスルは、知的生活を単なる趣味から、小規模な起業家の発想へと切り替えてくれるというメリットもあります。それは知的消費を、発信するに値する知的生活に発展させる考え方とも合致しています。

　どうせ情報発信を行うのであれば、無料で読者に見ていただいて楽しんでもらうので十分なもの、それを掲載したいと考えている媒体などに寄稿するもの、自分自身でプロダクトにまとめて販売するもの、書籍にまとめるものといったように、複数のラインで発信を考えることができます。

　私も自分のブログと、SNSやYouTubeの発信と、ウェブ媒体に寄稿する記事と、書籍化する情報はそれぞれ目的としている対象読者が違いますので、それぞれマニアックさや、情報の出し方で差別化がしてあります。ここには、自分をメディアとして考える、起業家の考えが入り込んでいるのです。

私のサイドハッスル

　私自身のサイドハッスルの構成についてご紹介しましょう。最初から
そうであったわけではありませんが、私の場合この10年の活動の継
続のおかげで、膨大な書籍やガジェットの購入を家計から捻出せず
に、ブログの活動から必要な資金を賄うことができるまでになりました。
私の場合の収入源は：

- ブログで紹介する書籍やガジェットによるアフィリエイト収益
- 高く評価している商品やサービスについての記事広告の執筆
- 雑誌やウェブメディアへの寄稿
- 依頼を受けての講演活動やイベント登壇
- アプリの日本語翻訳の手伝い
- 書籍の執筆

　などです。ここで注目していただきたいのは、書籍の販売といった
ものを除けば、私の読者にとってはこれらのサイドハッスルはほとんど
透明で、見えない点です。
　ブログの人気を通して「この人はこの話題について書けそうだ」と
見込んでくださったメディアから声がかかり、執筆の機会をいただくこ
とも増えましたが、そうした記事を書くことで私の読者がお金を払わな
ければいけないケースは稀です。
　読者は無料で記事を読み、私は仕事の機会を得て、媒体は書き
手を見つけるという、誰にとってもメリットのある状況なのですが、そ
れは最初に贈り物のように無料で情報を発信したところから始まって
いるわけです。
　また、アフィリエイトなどといった仕組みは、提供している話題に関
連したものを設定しておくだけで収入を自動化できるところにメリットが
あります。好きに情報発信をして、結果的に収入があればありがたい、
くらいのスタンスで実行可能なのです。

手段と目的を逆にしてはいけない

しかし重要なのは、こうしたサイドハッスルはあなたの知的生活を支えるための手段であって、目的そのものではないという点です。

収入それ自体を目的にすることは悪くありませんが、それは知的生活とは必ずしも相性がよいとはいえません。

たとえば書籍や製品などを紹介することで得られるアフィリエイト収入は、本当に紹介したい本や製品があるからこそ意味があるもので、これが逆に、「アフィリエイト利率のよい製品があるから記事にしよう」「この話題を紹介すると検索流入が多くなって収入が見込めるから記事にしよう」という発想になると、手段が目的化してしまいます。

その先にあるのは、広告会社の思惑に最適化しただけの、荒廃した知的生活の荒れ地です。そしてあなたの知的生産を見ている読者は、それを敏感に感じ取ります。こうして、「あの人はダークサイド（暗黒面）に堕ちてしまった」——そう囁かれる人を、これまでに何人も見てきました。

まずは知的な積み上げを行い、その結果を贈り物のように発信するという初心を忘れないようにすることが、ダークサイドに堕ちないために何よりも大切です。

知的積み上げを利用して
プロダクトを作ってみる

　ある程度の知的積み上げができてきたなら、おすすめしたいのがプロダクトを作って販売してみることです。

　世の中には、既存の商業出版やメディアではコスト的に見合わないためにまとめられることが少ない情報が膨大にあります。

　あなたにとっては常識的な情報であったとしても、その分野に馴染みのない人があなたのレベルまで情報を収集し、取捨選択するまでには膨大な手間と時間がかかるかもしれません。

　たとえば私の友人は、山手線駅構内でビールを飲むことができる店はどの駅とどの駅に存在し、営業時間と場所がどこかという情報をまとめて年に2回のコミックマーケット、いわゆるコミケで販売していました。どんな情報でも検索すれば見つかる時代に思えますが、意外に「駅構内に限定」といった情報は、歩いて調べなければまとまりません。そうした盲点やニッチには価値があるのです。

　あなたの興味や収集している情報がそうした価値をもっているならば、他の人がそれを調査する手間を省く意味でも、プロダクト化して入手可能にすることが大きな意味をもつのです。

ロストテクノロジーをプロダクトにして守る

　自分の例を挙げると、私はネット時代の仕事術「ライフハック」についての情報を集めているなかで、ブロガーのマーリン・マン氏が発信していた受信箱の件数がゼロになるメール術「インボックス・ゼロ」についてかなりの情報を集めていました。

　ストレスをためないメールの処理の仕方や、そのフローについて解説したこの手法は10年前の当時も人気でしたが、スマートフォンを使っていつでもメールを読めるようになったいまでも効果があります。

しかし、マーリン・マン氏本人がブログをやめてしまい、インボックス・ゼロについての解説を掲載していたドメインすら失効してしまったために、この手法はゆるやかに忘れられていました。いわばロストテクノロジーになりつつあったのです。

　そこで、Gmailに大型アップデートが行われた2018年の春を契機として『Gmailで実践する「インボックス・ゼロ」』という電子書籍を作成して、pixivのBOOTHでダウンロード販売を行いました。

　インボックス・ゼロそれ自体についての記事は私のブログ上でいまも無料で閲覧することは可能ですが：

- 情報を一カ所にまとめ、マーリン氏の手法を自分なりに拡張
- 最新のサービスにあわせて解説を行う

　という2点に重点を置くことで、販売するに足る「プロダクト」ができあがったわけです。

　結果は成功で、リリース直後の売上も良かったうえに、しばらく時間が過ぎてからも購入してくださる人が一定のペースで存在する、ロングテールな商品となって、私の活動を支えてくれています。

集めた情報を電子書籍としてまとめて販売する

プロダクトを作る意味

　知的積み上げを一定期間ごとにプロダクトにするのには、活動資金を得る以外にも様々な意味があります。

　その一つは、情報をプロダクトとしてまとめることで、自分のなかで情報を整理することができる点です。たとえ10ページ程度の電子書籍であったとしても、情報をまとめようとすると足りない部分や、調査不足の部分がみえてきます。

　定期的にプロダクトを作ることで、そうした不足を補い、自分の今後の知的積み上げの方向性を再確認することができるというメリットがあります。

　もう一つは、マーケティングの勉強になるという点です。マーケティングというものは企業のなかでしか考えないものと思われるかもしれませんが、実際には一冊の小さな同人誌であっても、手にとってもらえるかどうかを決める重要な考え方です。

　たとえば、単なるデータの羅列をプロダクトとしてまとめても、ほとんどの人は理解不能でしょう。どのように編集し、どのようにプロモーションすることによって反応が得られるのかを知ることで、自分自身のテーマに対する愛着を表現することが得意になってゆくのです。

　また、プロダクト作りは情報発信に隣接した様々なスキルを学ぶことにもつながります。著作権に対する理解、許諾の必要性、値付けの難しさ、販売する際のハードルなど、これだけで一冊の本になるほどのノウハウがあります。

　そうしたすべてを乗り越えて世の中に生み出す、自分だけのプロダクトが誰かの手にわたってゆくのは最高の気持ちだというのはいうまでもありません。最終的には、自分の知的積み上げに対する愛着を誰かに聞いてほしい、その夢を叶える一つの方法が、プロダクト作りなのです。

■コラム：他にもあるこんなプロダクト

電子書籍を作成するのは、今の時代可能になっている様々なプロダクトの一種類にすぎません。

たとえば弁護士を本業としているブロガーのＤａｖｉｄ Ｓｐａｒｋｓ氏は、ｍａｃＯＳの生産性向上アプリに対する興味がこうじて初心者向けに操作方法や裏技を紹介する動画シリーズを作成するようになりました。自分自身がアプリの操作に詳しくなるたびに5〜8分程度の短い動画を作成し、それが30〜40本になるとおよそ25ドルで自身のサイトで販売しています。利用者は膨大な試行錯誤をせずとも2〜3時間でアプリを使いこなすことができるようになるので、値段的にみてもよいギブ＆テイクが成り立っているといえます。それ以外にも：

・住んでいる街について調査をするという活動のついでに、観光ガイドを作成して売り込む。
・撮影した写真や動画の設定、撮影方法といったノウハウをまとめた小冊子を販売する。
・文具に対する偏愛やマニアックな知識を動員してオリジナルな文具をデザインし、販売する。
・描いた絵を携帯ケースやブックカバー、壁紙などといった形に加工して販売する。

といったようなプロダクトの例があります。どれもがお金儲けを目的とするものというよりは、より深くなにかを知ることや、より美しい写真を撮影したり絵を描いたりしたいという、本来の目的である知的生活の積み上げの延長線上に生み出すことができるものであることに注意してください。

発想次第で、どんなタイプの知的積み上げでも誰かに価値をもたらすプロダクトになり得るのです。

ジョナサン・コールトンの
偉大なるマンネリを目指す

　知的生活をビジネスと融合させた例として紹介したいのが、一風変わったミュージシャンのジョナサン・コールトン氏です。

　彼の楽曲はプログラマーの日常の切なさであったり、マンデルブロ集合を発見したマンデルブロ教授への賛歌であったりと、理数系のナード、いわゆるオタク向けのものが多くふくまれています。

　当初、流行の音楽スタイルや、様々なジャンルにも挑戦していた彼ですが、その路線が変わったのは週に一度必ず新曲をレコーディングして公開するという"Song a Week"という取り組みを1年にわたって続けた頃からです。

　週に一度、新しい曲を作曲し、アレンジし、レコーディングを行って刻限までにウェブページにアップロードするのは一度や二度ならば可能でも、継続するのは非常に困難です。手持ちのストックは数週間でなくなり、流行を気にすることも、聴いてもらえそうなジャンルに沿った作曲をすることも、考えが追いつかなくなっていきます。

　しかたなく、彼は自分が最も慣れたスタイルの、最も作曲しやすいパターンに退却するようになり、それを繰り返すようになるのですが、そこで奇妙なことが起きました。そうしたマンネリ化を迎えてからのほうが、ファンが急速に増えていったのです。

　後年、この"Song a Week"の時期を述懐したジョナサンは、週に一度という過酷な強制的アウトプットによって、自分のスタイルが確立したと語っています。週に一度というペースが、よけいなアレンジをしたり、流行におもねったりする余裕を失わせた結果、かえって自分の個性的なスタイルがあぶりだされたといってもいいでしょう。

　また、彼はほとんどの楽曲を無料で視聴できるように公開しており、気に入った人がそれを購入できるように1曲あたり$1で販売も行っていました。このビジネスモデルも、彼のこうしたスタイルにあっていたと

いえます。話題になった曲なので私も彼の「コード・モンキー」を当時単品で購入しましたし、それから彼の音楽が気になりはじめてアルバムで買うようにもなりました。

ニッチのアーティストだからこそ、作品を積極的に公開して視聴と購入へのハードルをできるだけ下げるというこの戦略は、世界が彼の音楽を発見したときに爆発的に人気が広まる導火線の役割をもっていたわけです。

偉大なるマンネリを繰り返す

ジョナサンは運が良かったともいえます。プログラマーとしての過去と、ナードっぽい音楽への愛着が時代にマッチしていたために、彼の個性は大きく注目されました。

しかし、ジョナサンほどでなくても、様々な形で世の中が求めている定番ネタというものはあるものです。ある人にしか書けない短編小説のパターン、絵のネタ、模型のスタイルといったように、個性がメディアと触れあったところに偉大なるマンネリが生まれることがあります。

もし、あなたの知的生活がそうした鉱脈にぶつかったならば、そこには大きなチャンスがあります。あなたにとって繰り返すこと自体が喜びであるような生産のパターンが、人の求める商品になるのです。

ジョナサン・コールトンのウェブサイト

ファンとの距離感を演出できるnoteの課金コンテンツ

　ブログとは異なるコンテンツプラットフォームとして人気を集めており、ファンをもっているクリエイターならば検討する価値があるのがピースオブケイクの運営するnoteです。

　noteはテキスト、画像、つぶやき、音声メディア、あるいは動画へのリンクなどを投稿することができるところはブログに似ているものの、読むことに特化したシンプルなデザインを提供しているところは欧米のサービス、Mediumなどに近い存在です。

　そしてnoteの大きな特徴として、記事単体、あるいは複数の記事などを有料の課金コンテンツとして提供できる機能があります。自分のファンに向けて無料で記事を投稿しつつ、ときには課金コンテンツで差別化をはかるといったことが可能なのです。

　noteの有料コンテンツには3つの種類があり、それぞれに利用する際の向き不向きがあります。

①単品の有料記事

　通常は無料の記事を、ある段落から先は有料コンテンツとして提供する仕組みが有料noteです。多くの場合は100円から300円といった少額で提供され、なかには記事全文を読めるように設定したうえで最後に「共感した人は支援をお願いします」と投げ銭形式で公開する人もいます。

②有料マガジン

　複数の記事をまとめて、一種の雑誌として買い切り型で販売するのが有料マガジンです。たとえばあるテーマに沿って連作エッセイを書いた場合に、書き下ろしを追加してマガジンを販売するといった利用の仕方があります。

③定期購読マガジン

　定期購読マガジンは、名前こそ有料マガジンに似ているものの、その仕組みはむしろ月額会費制のファンクラブといっていいでしょう。購入した人は購入した月に投稿された記事はすべて読むことができるものの、バックナンバーは見ることができません。ファンとのゆるやかな長い付き合いを目的に運営する際に利用されます。

　様々な課金方法がありますが、強調したいのはnoteは有料コンテンツを配信するためのプラットフォームではないという点です。ありきたりの情報に高い値段をつけて売りさばくような情報商材を販売することは明確に禁じられていますし、それに向いているプラットフォームとも言えません。

　むしろnoteの魅力は、無料と課金という、読む側にとって温度差のある2種類のコンテンツが並行して存在することによって、ファンとの距離感を演出できる点です。たとえば音楽バンドがふだんの活動を無料の記事や動画で紹介しつつ、ときにはファンだけに向けた打ち明け話を有料コンテンツで行うといったことが可能です。

　noteはコミュニティが緊密で開発も迅速に行われているというメリットもありますので、ブログにこだわるのでなければ、第一の選択肢となるコンテンツプラットフォームといえるでしょう。

noteで100円の課金コンテンツとして販売している記事

12時間で執筆と編集を終わらせる「マッハ新書」を販売する

VRエバンジェリストとして知られる近藤義仁（GOROman）氏は、既存の出版社がなかなか電子書籍に対応できない状況に我慢できず、欧州出張の12時間のフライト中で一冊の電子書籍を執筆して発表するという試みを行いました。

これがその後、マッハ新書と呼ばれるようになったムーブメントの最初の雛形です。マッハ新書の正しい手法というものはありませんが、概ね共通するのは：

- 12時間以内にすべての原稿を執筆し、電子書籍として編集
- 執筆後、すぐにダウンロードコンテンツとして販売
- 必要に応じて柔軟に内容をアップデートする

という特徴です。マッハ新書で求められるのはなによりもスピードです。マッハ新書では本にしたいと思った考えがあるならば即座に形にすることが重要ですので、どの程度の分量が必要なのか、どれだけ校正をするべきなのかといったことは厳密には問いません。

こうしたスピード感に魅力を感じた書き手が集まって、一時期は毎日のようにマッハ新書が誕生し、pixiv BOOTHで販売されていることもありました。

 ## スピード感とクオリティのバランス

マッハ新書のよさは、このテーマを本にすべきだろうか？　この程度では本にならないのではないか？　といった疑いをいったんすべて無視し、完璧主義を横においてとにかく行動を起こす点です。

日本語として不正確な部分や、企画として無理があるかもしれないといった点は最初から受け入れ、それでも主張したいこと、現時点でまとめておきたい生の声があるなら、それを本としてまとめるところに、

その魅力があります。

　また、マッハ新書はすぐに陳腐化してしまう最新の話題や技術について紹介するのにも向いています。一般の書籍は企画だけで数カ月、実際の発刊までは1年ほどの時間がかかってしまいますが、話題によってはそれでは遅すぎます。そうしたときに、マッハ新書的な本の作り方ならばすばやく情報を形にして他の人に伝え、指摘を受けた間違いや変化した部分にはアップデートで対応することが可能です。本の周囲にコミュニティを作り、本をアップデートしてゆくというプロセスが、マッハ新書の既存の本と最も違う点なのです。

　しかし、マッハ新書のスピード感の部分だけに囚われていると、思わぬ落とし穴に落ちる場合もあります。

　内容を吟味していない不正確な表現やひとりよがりな本の内容は、あなたのことをよく理解しているファンのあいだならば理解してもらえても、コミュニティの外の人にまで拡散した場合には伝わらない可能性があります。結局、知っている人同士が、お互いにしか理解できない内容を交換しているだけの、タコツボ化した情報発信になってしまってはもったいないわけです。

　プロダクトを作るときのスピード感と、どれだけのクオリティで誰に情報を届けたいのかというバランスを見極めるのにも、マッハ新書の取り組みは一度実践してみるとよいでしょう。

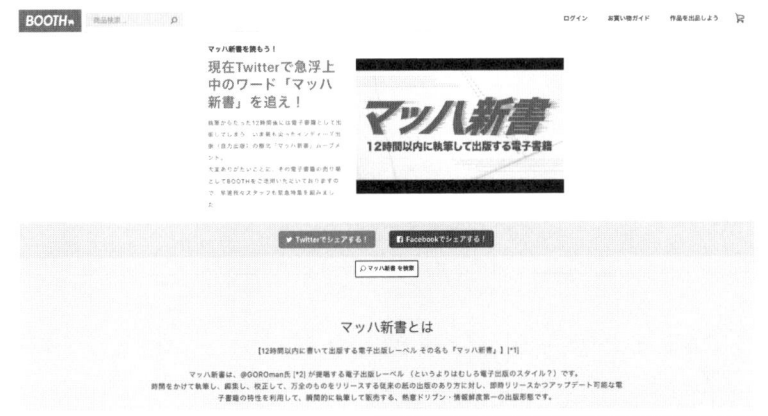

Boothに開設されているマッハ新書特集ページ

pixivFANBOXや Patreonなどの ファンサービスを使用する

定期的な情報発信によって一定数のファンがついたならば、利用を検討してもいいのがpixivFANBOXやPatreon（パトレオン）などといった、クラウドファンディング的なファン向けサービスです。

pixivFANBOXとPatreonは利用方法が似ています。クリエイターはファン向けに無料ないしは有料のプランを作成して、ファンがそれに登録する形で利用者を支援します。逆にクリエイターは有料で支援してくれるファンに向けて、彼らだけが閲覧可能な投稿や、ファンサービスを行うことで、前向きな関係を維持していきます。

投稿できるコンテンツには文字、画像、音声や動画、そしてファイルなどがあり、執筆をするタイプのクリエイターも、音楽や動画などのメディアのクリエイターもサポートされています。

たとえばpixivでイラストを投稿している人のなかには、完成された作品は無料で公開するかわりに、支援者に向けてはpixivFANBOXで作品のメイキングを公開している人がいます。イラストの技巧が際立っているクリエイターのワザに興味がある人などは、積極的に支援者になる理由があるわけです。

Patreonでよく見かけるのは、小説や映像作品のように、完成までに数カ月から1年といった時間がかかるタイプのクリエイターです。

彼らは作品を少ない頻度でしかファンに届けられませんので、その作品と作品のあいだの期間にファンの興味をつなぎとめ、期待感を高めるために次回作のチラ見せをしたり、高額支援者は作中に登場してもらうといったサービスを提供しています。

コミュニケーションが鍵となる

ファンによるクラウドファンディングサービスにおいても、拙速な収益

よりは、長い目でみたファンとの関係の構築が大切になります。

　私もpixivFANBOXで複数のイラストレーターを支援していますが、それはいつもすばらしい作品を見せてくれるクリエイターに対して、せめて画材の一部や、作品を作るうえで欠かせない液晶タブレットといった設備を購入する助けになればという気持ちがあるからです。

　よくツイッター上や、動画投稿サイト上で耳にする言葉として「振り込めない詐欺」というおかしな表現があります。お金を払ってもよいくらいすばらしい作品なのに、振込先も書いていないのか！　支援させてほしい！　という気持ちが嵩じて生まれる表現ですが、ファンの高まった熱意をよく表しているといっていいでしょう。

　クリエイターにとっては、ファンのこうした気持ちを受け取り、次の作品作りにつなげるために活用できるのがクラウドファンディングサービスなのです。

　そのためにも、ふつうの人よりも一段階高い熱意があるファンへの贈り物としてどのような発信をすればよいのか。どのような金額のプランであれば、この美しい関係を互いにとって幸せに維持できるかを考えることが重要です。

著者がpixivFANBOXで支援している結城浩氏のページ

作品を販売して
フィードバックをもらう

　個人が作ることができるプロダクトは書籍やソフトウェアのようにダウンロード可能なものだけではありません。手芸、工作、絵画といったものも、いまでは専用のサイトでさかんに取引されています。

　こうした作品は作れば作るほどに増えていきます。そこで過去の作品を興味のある人に頒布することによって、次の作品のための活動資金にするとともに、買ってくださった人から貴重なフィードバックを得るのも活動方法の一つです。

販売することへの罪悪感を乗り越える

　ここで個人の販売者がよく陥る悩みとして「楽しみでやっているのに販売することに罪悪感がある」「自分の作るものに自信がない」といったものがあります。真面目な作り手ほど、誰かに叱られるのではないかという意識が強く出るわけです。

　引け目を感じる人に無理におすすめはしませんが、こうした悩みも作品の提供の仕方を工夫することによってある程度回避が可能です。

　たとえば商品のタイトルや説明に「制作特訓中」である旨を書き込み、正直に作品の性質や特徴を記述したうえで「"覚悟のある人"におすすめする」といった文脈に注意すれば、リスクをゼロにすることはできないまでも、想定していない買い手との不幸な出会いの確率を下げられます。

　逆に、売れないという悩みはまさに作品作りの一部分として取り込むことができます。写真の撮影の仕方に問題があるのか？　価値が伝わりにくいのか？　こちらの作品は売れたので、どうも自分はこちらが得意なようだ……といったように。一度こうした発想が身につくと、作品のレベルを、購入する側の視点で高めてゆくことができます。

様々に存在するオンラインストア

　最近ではオンラインで作品を販売できるサイトは複数存在しており、手続きもラクになってきました。

　pixiv BOOTHはダウンロードコンテンツだけではなく、作品を自宅発送や倉庫発送する場合にも対応しているだけでなく、オリジナルのイラストを缶バッジやマスキングテープにするpixiv FACTORYなどのサービスも充実しています。

　pixiv BOOTHがファンに対して作品を頒布する性格が強いのに対して、より専門色の強いウェブショップを簡単に作成できるのがBASEです。また、海外によりユーザーの多いEtsyなどの選択肢もあるでしょう。

　実際に販売するところまでいかないまでも、準備として自分のオンラインショップをつくる経験は、誰にでもおすすめします。

　店の名前は？　どのような説明を入れればいい？　どのような値段がよいのか？　こうした一つひとつの課題に答えを用意して店をセットアップし、初めての商品を登録するうちに、どのようにすれば自分の作品が世界に受け入れてもらえるのかという胸の鼓動が高まる体験ができるはずです。この体験をするだけでも、知的生活の積み上げを誰かに届けるという段階へと発想がレベルアップするのです。

pixiv BOOTHは電子書籍からさまざまなコンテンツの販売に対応している

日本で積み上げた
知識を海外につなぐ

　私たちがふだん意識することのない知識や経験が、海外の人にとってはとても貴重なものであるケースがよくあります。

　"Things to know when visiting Japan" のような語句で検索を行うと「交通カードの入手方法と使い方」「ATM の場所と利用方法」「日本で守るべきマナーと、タブーなこと」といった情報を掲載するサイトが大量に存在します。私たちの常識が、訪れる海外の人にとってはゼロから学ばないといけない経験なのです。日本についての常識を知っているなら、この情報のギャップを埋めることで大きな価値を生み出すことができます。

　あなたの知的積み上げの種類によっては、このような情報のギャップを利用して海外の人を対象としたビジネスを展開することや、コンサルティングを行うことが可能になるかもしれません。

アプリについての知識で、好きなアプリの開発者を助ける

　私は過去に数度、自分が高く評価しているものの、まだ日本語化されていないアプリやサービスについて、開発者に相談してローカリゼーションの手助けをしたことがあります。

　本書でも何度か紹介している Evernote については日本で情報発信をしていたところ、開発元の人から声がかかって日本語化に向けたアドバイスをするとともに、日本語化の一部をお手伝いするといった思い出があります。

　もっと積極的な例として、macOS / iOS で人気のカレンダーアプリである Fantastical 2 については、開発者と連絡を取り合いながら日本語の自然言語認識のテストを行ったり、アプリの一部についてローカリゼーションのチェックを行ったりしていたこともあります。

スマートフォンのアプリで利用される用語について多少の経験があり、英語版のアプリも使い込んでいるからこそ、こうした橋渡しの役割を演じることができたわけです。また、仕事として提案をするものの、アプリが日本語化されることで多くのユーザーが使いやすくなるだろうという確信があることも、モチベーションになります。そのアプリが日本語化されたなら、先にそれを利用していたことで得た知識をブログ記事にして、そのアプリの新しいファンを開拓していきます。

　こうして好きなものに貢献し、仕事としても請け負って、さらにそれを日本で広げるというループが完成します。誰も損する人がいない、理想的な貢献方法といえます。

日本で事業展開したい開発者のアドバイスをする

　翻訳だけではなく、ときとして海外の開発者とのやりとりのなかで日本進出に向けたアドバイスをすることもあります。

　日本でのアプリやサービスの妥当な金額はどのくらいか？　ニーズはどれほどあるのか？　日本でそのアプリの使い方を広めたいと考えたときにどのような手段があるか？　こうした情報は海外からみてのどから手が出るほど欲しい情報です。それを私は自分の経験から伝えていきます。

　私自身はマーケティングの専門家ではありませんし、アプリの開発を専門として行っているわけでもありませんので、アドバイスのすべてが適切に行えるとは限りません。

　しかし、向こうから見た場合には、日本で展開したいと考えたときに質問することができるのが、熱心にやりとりするファンのあなたしかいないという場合もあります。どんな情報でも、最初の足がかりにはなるわけです。

　日本における「ファーストコンタクト」の相手としてお手伝いしたアプリやサービスが日本でその後人気が出たり、安定して事業展開をしていたりするのを見ると、誇らしい気持ちがわいてきます。それは仕事の報酬とはまた別の、格別な褒美なのです。

サイドハッスルは
ゆっくりと育てる

　本SECTIONではここまで、知的生活の積み上げを応用することで副収入になりうる様々な方法を紹介してきました。

　こうした多様な方法があると、すぐに実践して成果をあげられるのではないかという気持ちになるかもしれませんが、実際はそこまでうまくはゆきません。

　知的積み上げの成長がゆっくりであるように、サイドハッスルの成長も非常にゆっくりとしたものであることがほとんどです。そしてその歩みを強制的に進めようとすると、手段が目的にとってかわる本末転倒になる罠がそこら中にあります。

　サイドハッスルはゆっくりと育てること。それを最初に覚悟したうえで、なるべく長期的に考えることが必要です。

 ## 0.23%の購入率

　0.23%。これは私のブログの場合ですが、私が長いあいだデータをとって目安にしている、「アクセス数に対するプロダクトの購入率」の数字です。

　たとえば新しい電子書籍のプロダクトを作成したとして、その告知を熱心にブログで行ったとしましょう。その記事をのべ10,000人が読んでくださったとして、実際に購入ページにまで進むのはそのうちの数%、実際に購入してくださるのはさらに少ない、全体の0.23%ほどの人にすぎません。

　この数字は情報発信を継続している期間にも、あなたがどれだけ読者から信頼されているかにも、そして紹介しているプロダクトの性質によっても変わりますので一概にはいえません。しかし、知的積み上げから生まれる情報発信を始めて、すぐにこの何倍もの数字を達成で

きる人は稀だと思ってください。

　健全なマーケティングの努力はどんなプロダクトの販売にも必須ですが、個人でこの購入率を高くしようと不自然な取り組みに手を染めてしまうと、手段であるはずのサイドハッスルが目的に変わってしまって、知的生活が脱線してしまいます。あなたの情報発信を信頼していた人たちもしだいに離れてしまい、あなたのテーマがニッチであればあるほど、得難い仲間を失うことになりかねません。

　つまり大事なのはすぐに成果を求めることではなく、むしろあなたの知的生活とともにゆっくりと成長してゆくスタンスです。

　たとえば、興味のある話題があって、それを誰かに伝えたくてブログを始めたとします。しかし誰もそれを見つけてくれることなく1年が過ぎ、2年目に入ったあたりでしだいにアクセス数が伸びてきて、それにともなって広告収入がようやく本1冊を購入できる程度になり、それをもとにしてさらにめずらしい情報の発信を続けてゆく……。

　とても気の長い話ですが、こうしてやってきたサイドハッスルの成果は失われにくいという性質もあります。長い目でみて収益化する戦略のほうが結局は手堅く、商売人としての才能などにも左右されません。

　逆に「この方法を使えば儲かるはずだ」「儲けがあるならば、もっと活動ができるはずだ」といった発想は、短期的には説得力や魅力があるようにみえるものの、たいていは長続きしません。まずはGiveし続けた先に、思わぬところからリターンはやってきます。

　ウェブマーケティングの分野で有名なゲイリー・ヴェイナーチャック氏は、動画ブログという分野がまだ黎明期の頃に平日に毎日ワインを紹介する WineLibrary TV というサイトを作って人気を博しました。そんな彼でも最初のうちは誰も彼の動画を見ない、砂漠のような期間を通過したといいます。

　「PP、この2文字を覚えておけ」と彼は自身の方法論について常に語ります。「Patience（忍耐）とPassion（情熱）だ。情熱があるからこそ、収益がなく、誰も見ていない時期も忍耐をもってハッスル（取り組むことが）できるんだ」。

テンプレートとフォームで知的積み上げをデータとして捉える

　日々の知的積み上げの多くは、ノートや情報カードやメモアプリにフリーフォームで書き込んでゆくことで蓄積されます。

　しかし、定形のログを取る場合には、あらかじめ情報を入力するためのテンプレートを作っておいたり、入力のための仕組みを作っておいたりするとラクですし、結果をスプレッドシートなどにまとめて表示することが可能になります。

　たとえばワインについての情報をまとめているならば、銘柄、年、生産者、品種、感想といったものは必ず入りますので、あらかじめ表にしたテンプレートを作っておき、それに記入するだけにしておくと、あとで情報の蓄積を振り返るのもラクになります。

　こうしたテンプレートは情報カードに印刷しておいてもよいですし、Evernoteのなかにテンプレート用のノートを作成してそれをコピーして利用するのでもいいでしょう。Evernoteにはすでに読書メモ用のテンプレートや、チェックリストのためのテンプレートなどの実例が公開され

Evernoteで使用できるテンプレート機能

ていますので、参考になるはずです。

　データを入力するのに、フォームを利用するのも便利です。たとえばGoogleスプレッドシート上の機能として存在するフォームは、簡単なアンケートを作成して、その結果をシートにまとめることもできます。これを自分用に作成しておくわけです。

　たとえば読書メモのためのフォームは、ページ番号、メモの内容だけを入力したらあとは時刻といったものは自動でシートに追加されるようになっています。これをたとえばIFTTT / Zapierといった仕組みを通してテキスト形式に変換したものを、Evernoteの任意のノートに追記するか、Dropbox / Google Drive上のファイルといったものに保存すればよいわけです。体重や体脂肪といった数字のデータならば、そのシートからグラフで可視化するのも数クリックで可能です。

なんらかの手段はもっておきたいデータの可視化

　情報がより多くなり、データに基づいた議論をすることが多くなる中で、グラフを描いたり、模式図を描いたりといった、わかりやすい可視化の手段をもっているのは大きな武器になります。

　曖昧な印象や仮説にすぎないものを、せっかくの知的積み上げの情報のなかから客観的に利用できるデータとして取り出すわけです。

　初歩的なグラフならば、Googleスプレッドシートやエクセルなどでも十分です。もう少し見た目にこだわるならば、Tableau Publicのようなフリーのサービスを利用してデータを可視化し、ウェブ上に投稿することもできます。

　自分の考えを情報発信する際に客観的で説得力のある表現について学べるのと同じように、データを可視化するスキルは、伝える内容から曖昧さをなくすのに役立ちます。

　あなたの集めている情報がなんであれ、なんらかの形での可視化の手段を一つはもっておきたいところです。

10年後の
人生を設計する

未来はわからずとも、作戦を立てることは
可能です。10年先の知的生活を意識して、
いまの生活と目標を設計してみましょう。

1年、3年、5年の
知的生活の目標を
設計する

本書では知的生活の実践方法として、「長い目でみて」「結果的に」という説明を繰り返してきました。長い期間で蓄積の効果が出てくることを期待しつつ、いま繰り返せる知的積み上げに集中するという視点に立っているからです。

では1年、3年、5年といった長期間の目標についてはどうでしょうか。未来についてある程度の予測を立てながら、日々の知的生活を楽しむという視点も重要です。どんなワインでも熟成すれば美味しくなるわけではないのと同じように、短期的に仕込む目標と、長期的な目標は並行して進めることで、知的生活の収穫を最大にすることができます。

最初の1年

新しいジャンルを開拓しはじめ、新しいスキルを試しはじめた最初の1年はまだまだ模索が多いでしょう。本ならばまだ基本的なものしか読めていないでしょうし、次にどの本を読めば理解やマニアックさが増してゆくのか方向感がないはずです。この段階では、まだ浅瀬で遊びはじめたばかりといってもいいくらいだからです。

大学で修士課程に入った学生を指導していた頃、私はまず手始めに自分のテーマに関係した論文を100本探すところから始めてはどうかと勧めていました。100本読むのではなく探すだけでも、最初はどこを探せばいいのか、関係する論文なのかを判別すること自体が難しく、結果的によいトレーニングになります。

これと同じように、最初の1年は挑戦している分野の構造を手探りで知るだけで終わる可能性が高いでしょう。

それでも1日に約2時間、1年で730時間あるならば、外国語の基礎は学べますし、プログラミング言語の基礎に習熟して最初のGitHubプロジェクトを立ち上げるところまではいけます。「誰にでもできるかもしれないが、手を動かさなければ不可能な境地」に足を踏み入れるには十分な時間なのです。

　この1年が終わる頃までに、蓄積した情報を発信しはじめるブログを開設するのはよい目標になるかもしれません。知った情報を整理してブログの記事をたとえ10本書くだけでも、それなりの蓄積はできていなければいけません。1年というのは、ちょうどいい準備期間なのです。

　いずれにしても、ここでやめてはいけません。

2〜3年の目標

　しだいに選んだジャンルに詳しくなりはじめ、情報発信のスキルが選べるようになってくるのが、2〜3年経った頃でしょう。初めは一つの記事を書くたびに文体が変わっていたブログの書き方が安定し、話題の選球眼も身について、次に読むべき本や試したいことで心が貪欲になってくる頃です。

　3年目の目標としては、浅瀬をぬけて一気に深みに到達するために自分の専門領域、つまりはニッチの開拓が挙げられます。一つのジャンルのサブジャンルを網羅してみたり、一人の作家の全作品を読み切ったりといったアクセルの踏み方をして、愛好家からマニアに進むのもよいでしょう。

　3年ほどになると、ブログ記事などの情報発信もある程度数がそろってきます。週に2回の更新でも300本の記事があれば、一つの体系立った本にすることもできます。そこで、これらの記事からベスト30ほどを選び、セルフパブリッシングに挑戦するのにもいいタイミングになります。

　すでに定期的な情報発信によって、固定した読者がいればなおよいでしょう。読者がいるということは、発信するネタのよしあしにも勘

が身についてくるということです。そうして求められている、自分の持ち味を発揮できる発信をまとめるのが、初めてのセルフパブリッシングの成功率を高めることにもつながるわけです。

逆に、2〜3年は向いていないものをやめてしまうのにもよい見切りの時期です。だからといって、ここまで積み上げたスキルや情報がムダになるわけではありません。蓄積した選球眼を、次に選んだジャンルに適用して継続すればいいのです。

いずれにしても、このタイミングでもやめてはいけません。

4〜5年の目標

知的生活を始めて4〜5年後は、始めた当初からは予想がつきにくい時間スケールです。ここまで来ると人生の大きな流れからも、影響を受けることでしょう。

転職や、引っ越しがあるかもしれませんし、若い人ならば結婚や、育児といったイベントが入ってくる可能性もあります。あなた自身の年齢も変わるとともに、世間の流行の流れも、しだいに変わっていることでしょう。

このあたりから知的生活の積み上げは、ゆっくりとしたライフワークを追い求める流れと、1〜2年のすばやい流行や自分のなかでのマイブームを追う流れとが自然に重なり合うようになります。「この分野については譲れない」という専門性と、その専門性の周辺を衛星のようにめぐる興味とを区別して追うことができるようになります。

このタイミングは古い情報をもう一度吟味する時期でもあります。私は毎年秋になると、必ず自分の人生を変えた本を再読するという習慣をもっていますが、そうした本からは何年経っても新しい発見と感動を見つけ出すことが可能です。

同じように、時間をかけて深めてゆくテーマと、日々の流行を追うテーマが両輪としてあると、知的生活は長い時間をかけたライフワークと日常の刺激の両方を満たすようになります。

ゆっくりとした変化もとりこみつつ、次の1〜2年の蓄積のための種

まきをし、1 〜 2年前から仕込んでいた蓄積の収穫を行う。こうした
ペースがしだいに生まれてくるのが、4 〜 5年というスケールといってよ
いでしょう。

　たとえば私の場合、アメリカで始まったライフハックという話題を追
いはじめてから、ブログでそれを定期的に発信しはじめるまでに2年、
最初の書籍を出すまでに3年、総まとめとなる書籍を書くまでに10年
かけていますが、そのあいだも次の興味や流行に乗った情報発信も
行っています。すべてが結果につながったとはいえませんが、知的な
積み上げを形にしてゆくことが日常になってからは、「次は何を学ぶか」
「次は何をまとめるか」が日々の中心の関心事になっています。

　ときには困難もあり、こうした計画が脱線することもあるでしょう。
世間の流行が大きく変わって、自分の発信への注目が失われること
だってあるはずです。しかし、期待することを忘れずに続けることがで
きるならば、ここから先はすでにたどった道をもう一度歩きなおすよう
な、懐かしさを感じる旅路になるはずです。

　とにかく、興味を追い求める生活をやめてはいけません。**知的生活
において、しつこさは一つの美徳**なのです。

知的生活の「調子」を数値化する

　学習量を横軸にとり、得られた経験を縦軸に描くと、いわゆる学習曲線を描くことができます。

　スポーツにおける練習量に対する打率といった数値や、学習量に対するテストのスコアといったように、定量化できる値であるならばこのグラフを描くことは可能です。そして理想化された状態においてこの曲線はシグモイド関数、いわゆるS字カーブに漸近してゆくことが知られています。この考え方を知的積み上げの長期的な効果に応用してみましょう。

　S字カーブは最初ゆるやかに上昇を開始し、最初はなかなか経験が得られない苦しい時期が存在することを示しています。あるところから、学習の効果が急に現れ、経験が急に蓄積される時期がやってきます。最後にまた、膨大な経験を身につけたあとで新しい何かを付け加えて完璧に近づくのが難しい時期がやってきます。

　これはたとえば新しい知識の分野や、新しい言語などを学びはじめたときの私たちの経験と直感的に一致します。

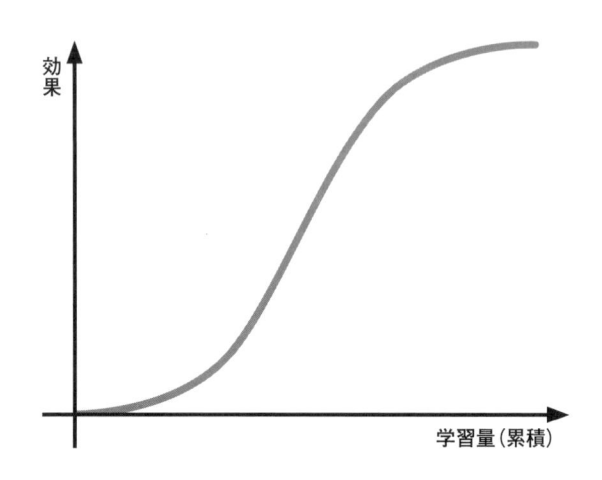

手帳を埋めたページ数がヒントになる

問題は、知的生活の積み上げは必ずしもスポーツの技量のように一直線に表せるものではなく、発想やアイデアや考えといったものも数値化できないという点です。

そこで、代替のデータを使って、自分自身の成長を数値に変えて客観視するのがおすすめです。たとえば私の場合、SECTION02で紹介したBooklyで確認できる「どれだけのペースで読書をしているか」を示す数値が、自分にとってわかりやすい情報になっています。

難しい思想書や、洋書を読みはじめたときには1日に数ページしか進みませんが、その本の世界感や思考の枠組みについて理解が進むと急にペースが上がりはじめます。逆にこうしてペースが上がる瞬間がないようなら、ひょっとすると入門書に戻ったほうがいいのではないかという推測もできます。

もっと長期的には、1カ月に読んだ本の冊数、新しくプレイリストに登録した曲の数、Evernoteに保存した引用の数、執筆した文字数、消費した手帳のページ数といったものも参考にします。

特に手帳のページ数は、調子がいいときには、手帳がどんどんと埋まりますが、精神的に困難な時期だと如実にそのペースが落ちるといったように、自己診断にも利用しています。

ペースが落ちること自体は恐れる必要はありません。

大学にいたとき、成績に悩んでいた私に対して物理学の先生が「微分係数を気にしてはいけないよ」と声をかけてくださったことがありました。グラフでいうならば、その傾きのするどさに一喜一憂してはいけないということを、数学的に表現した言葉です。

「急な成長よりも、ゆっくりでいいのでずっと続けられることに注目したまえ。すると積分した経験は、やがて信じられないほど大きくなるよ」

たとえゆっくりであっても、可能な限りしつこく続けること。それが学習曲線の困難な時期を乗り越える知恵なのです。

一流の研究者が
教えてくれた
抜け駆け功名

　ずいぶん前に、私は世界的に著名な科学者と二人きりで居室をともにするという幸運を得たことがありました。

　私が師と仰いでいるこの研究者は、私たちの分野の基礎となる業績をいくつも生み出した伝説的な存在です。しかしそれでも少しも偉そうなところのない子どものような純粋さをもっている人物で、私は一緒に過ごすことができたあいだ、吸い取り紙がインクを吸い上げるようにその教えを必死で学びました。

　あるとき、二人でとある研究について議論をしていたときのことです。わたしはいつもどおり先生のするどい指摘をなんとかかわしつつ、「それを言うにはまだ時期尚早ではないか」「もう少し準備をしないといけない」などと慎重に言葉を選んでいました。

　すると先生はいかにも不満そうに「堀さん、日本人は抜け駆け功名というのですか。あれがなくていけませんな」と言ったのでした。抜け駆け功名というと、抜け駆けをして他人より先に手柄を上げることで、ちょっとズルい響きもする言葉ですから私は驚きました。先生は念を押すようにいいます。

「周囲が賛同してくれるのを待つのではなく、まずは口にしてしまわなければいけませんよ！」

 ## ライフワークで先陣を切る

　ここで先生が指摘していたのは科学の論文についてですが、私たちが知的な積み上げを通してライフワークを形作るときにも、この言葉は独特な響きをもちます。

　本書では何度も長い目でみて情報を蓄積し、ゆっくりと考えを深めてゆくことによってオリジナルな発想を楽しむことについて強調していま

すが、逆にそれは必ず何年もかけなければいけないというわけではありません。

ハマトンは『知的生活』のなかで作家アーサー・ヘルプスのこのような言葉を引用して警告しています。「人生の絶頂期を過ぎてしまった人間が自分の生涯を振り返って思うことは、自分の犯した最大の誤りは、自分が企てた様々な計画を完成するのにどのくらいの時間がかかるものであるかを十分見越せなかったことであろう」。

知的な積み上げには時間がかかります。しかしそれは何かが完成した手応えをもってからでしかなにかの計画を実行に移せないということではなく、積み上げを行いながらできるだけ早く、前倒し気味に行動すべきものでもあるのです。

私が部屋をともにしていた先生は、自分は秀才ではないと常に口にしていました。

「私は他の秀才の人よりも考える能力が弱かった。でもしつこかったんですな。いつまでも一つのことを考えてばかりいると、頭のいい人がすぐに理解してしまったことでも、実はそれほど単純ではないのだということが、人より10倍も時間がかかってわかってきます」

先生が「抜け駆け功名」と言ったのは、こうして誰もが見逃していた盲点を探しあてるのに時間がかかるのは仕方がないとして、それを見つけたならば、誰の賛同を待つこともなく発表すべきことを指しています。

それはときとして周囲の反感を買うこともありますが、誠実にその上に知的な積み上げを続けるうちに、抜け駆けもまた、立派な功名に変わってゆくのです。

時代よりも早すぎた論文を執筆しては同業者にあきれられ、批判されたこともあった先生は、生涯を最前線の研究にささげて駆け抜けてきた功名頭の笑みでこう言います。

「他人がこき下ろしたからといって、自分がそのとおりにおちるわけではないですから！」

知的生活における結婚と育児の選択

　長い目でみた知的生活は、いやおうなくあなた自身の人生の物語になっていきます。ですから逆に、大きなライフイベントもまた、あなたの知的生活に影響を与えます。主なものを挙げると、それは結婚と育児の有無です。

　結婚に関してハマトンの『知的生活』や、渡部昇一氏の『知的生活の方法』は、出版された時期が古いこともあって、この点においては家父長制度的な姿勢を崩していません。

　ハマトンは知的生活にとって結婚とは、子どもをもうけ、家事を分担し、夫に嫉妬しない忠実な女性と結婚するか、あるいは同じレベルで知的生活を営める女性を選ぶという二つの選択肢しかないとまで言い切っていますし、渡部昇一氏もこの点に関しては「知的生活にとって家族と親類はマイナス要因」「悪妻を抱えればどうにもならない」とまで書いています。

　これが時代遅れな考え方であることはいうまでもありませんが、結婚による知的生活への悪影響は、いまも変わらない面があります。

結婚と知的生活

　自分の趣味をみとめてくれない妻、結婚したらすべての家事や育児を押し付けてくる夫。こうした結婚にまつわる恐怖話はいまも昔も尽きません。

　厚生労働省の「出生動向基本調査」によれば、20代から30代後半で独身にとどまっている理由には経済的な理由以外に「自由さや気楽さを失いたくない」「まだ必要性を感じない」という返答が、性別によらずかなりの割合を占めているという結果が出ています。

　経済的独立と自分の趣味や楽しみの追求を考えるならば、結婚は

コスパ、つまりコストパフォーマンスが悪いとまで言い切る人もいるほどですが、そこには一定の説得力があります。

　知的生活には、それなりの投資が必要ですし、パーソナルスペースへの理解や、自分の知的興味に対するパートナーの理解が欠かせません。もちろん自分の知的生活だけでなく、あなたのパートナーの知的生活に対する尊重も不可欠でしょう。

　しかしこのことは、逆説的なチャンスも生み出しているともいえます。かつてなかったほど、多くの人は結婚に対して世間体や常識ではなく、個人として尊重されるかという価値観を優先しているということでもあるからです。かつての「結婚したら夫に従うもの」「趣味はあきらめるもの」といった悪しき常識が疑われるようになり、お互いに話が通じるようになっているのですから、交渉の余地があります。

　たとえば結婚前に、どのような趣味をもっているか、どのような生活をイメージしているかといった話題のなかに、どのような知的生活を目指していて、どのようなパーソナルスペースの確保が必要か、互いに説明することもできるはずです。

　以前ならば、誰かを生活をともにすればパーソナルスペースが減ってしまうという前提があったかもしれません。しかし共働きならば、むしろ二人の共同事業として互いのスペースを確保する「知的な同盟関係」も夢ではありません。

　おそらくそうした出会いは稀でしょうし、すべての結婚において知的生活を成功に導く銀の弾丸はありません。

　しかし夫婦が対等に話せる時代の風を味方につけ、パートナーと互いのもつ知的生活のビジョンを共有することが夢物語ではないところまで、私たちは進歩してきたのです。

育児と知的生活

　結婚とともに、子どもをもつべきかどうかも知的生活にとっては大きな選択肢となります。子どもはパートナーと違って交渉相手にはなりませんし、特にまだ幼い頃は生活のすべての時間を根こそぎ奪っていき

ます。

　仕事から帰ったらすぐに子どもを迎えに行き、夕食の支度をして、食事の世話とお風呂の世話をして、寝かしつける頃には疲労困憊したうえで夜遅くなっているという生活がふつうでしょうけれども、そのうえさらに知的活動を行うのは相当な体力と意志の力が必要です。

　あなたが相当にタフでない限り、子どもが生まれてから数年は知的生活にかけることができる時間は大きく減るでしょうし、静かで孤独な時間とも別れを告げなければいけません。

　また、子どもは経済的な負担でもあります。子どもをもたない選択をしている人が「経済的な不安」を最も大きな理由に挙げていることからも、それはわかります。子どもをもつことで将来にわたって絶対的に優先度の高い出費がついて回る以上、知的生活に対する出費が後回しになってしまうのは仕方がありません。知的生活や趣味の生活を優先したいならば、子どもをもたないという判断はロジカルですらあるのです。

　しかし子どもは非論理的な存在です。子どもは想像もしなかった喜びや発見を人生にもたらし、それ自体が大きな知的生活の刺激になります。

　また見落とされがちなのは、子どもはすぐに大きくなり、自分自身の知的生活を始めるという点です。子どもが成長とともに見るもの、体験するものを通して、あなた自身がもう一度人生を追体験できることには、ロジカルに否定しきれない魅力があるのです。

私の家庭での知的生活の位置づけ

　参考のために、我が家の育児と知的生活とのバランスをご紹介しましょう。私の家庭ではいまのところ妻が専業主婦として家事や育児の負担を多めに受け持ってくれているため、私の知的生活は本業と並行して行っている第二の仕事と位置づけられています。

　大きめの部屋を書斎として利用することも、平均して週に一度は取材などで外出するのも、決して遊んでいるのではなく、仕事であるこ

とが私と妻のあいだでは前提となっています。

　それでも子どもが二人生まれてある程度成長するまでのあいだは、目まぐるしく、思いどおりに本を読むこともできない数年間がありました。しかしそれでも、生まれたばかりの娘を何時間も寝かしつけながら耳ではオーディオブックを聴きながら過ごした夜を、いまは懐かしく思い出すのです。

　自分がもう疑っていなかったようなことでも、子どもは疑問に思って質問します。すでに自分のなかで固まっていた世界の見方を、子どもは大きく揺さぶってきます。それは明らかに、私の人生にとっても大きな喜びと刺激になっているのです。あとは、私の知的活動や、書斎の本が子どもたちになにか良い影響を残すことを祈るばかりです。

　歴史上、多くの知的生活が独身の、生涯子どもを持たない修道士や、出家によって行われていたことにはそれなりの意味があります。そして誰もが結婚や育児に向いているわけではなく、個人の自由として選択できるようになったことも別の形の進歩です。

　結婚や育児は、人生に大きな不確定性を導入します。ロジカルに人生に必要なものをコストに応じて選択してゆくのも一つの方法です。そして不確定なものをあえて受け入れて、親として、パートナーとして世界を見ることによって、ロジカルでない選択の先を見ることもまた、同じくらい魅力的なのです。

長い目でみた健康を
統計とアプリで守ってゆく

　知的生活の設計は、長い目でみた知的な積み上げを可能にする生活を考えることです。その「長い目」のなかでも最長のものが、自分自身の健康寿命です。

　私たちは自分たちの寿命をあらかじめ知ることはできません。しかしそれを統計的に長くし、長い知的生活を持続するために適用できる生活習慣は存在します。たとえば肥満度や、生活習慣などと関係なく、1日5分程度のジョギングが平均して3年ほど平均寿命を伸ばすのに効果的であることが研究から知られています。

　平均的な人が週に2時間程度を運動に割り当てているという統計を40年間で積算すれば約173日、約半年分の時間になりますが、それが平均で3.2年の寿命の増加に寄与しているので、約2.8年のリターンがある計算になります。1時間のジョギングあたり7時間が戻ってきていると考えてもいいわけです。

　睡眠についても同じような統計があります。6時間以下の睡眠を長く続けている人は、6〜8時間睡眠を続けている人に比べて12％程度、早逝する傾向にあるといった統計です。

　この二つはもちろん交絡していますので、単純に両方に注意すれば両方の分だけメリットが得られるわけではありません。しかし運動と睡眠という基本を押さえるだけでも、長い目でみた健康に対して有意な影響を与えられる確率が増えるのです。

健康のモニタリングを自動化する

　健康のモニタリングはある程度自動化できるものでもあります。たとえばApple WatchやMisfit Ray、Xiaomi Mi Bandなどといった活動量計はかなり普及してきており、身につけているだけでふだんのカ

ロリー消費量や睡眠記録を詳細につけてくれます。

これに、Noomや、カロミルといった運動のアドバイスや、食事の統計を集約してくれるサービスを利用することで、自分の健康を客観視できるようになります。

たとえばNoomは日々の活動や食事を入力すると、それに対して減量のアドバイスがアプリから自動的にやってきます。日々のアドバイスに従っているだけでも、ゆるやかに健康的な生活に近づいていけますので、コーチが横についているような安心感があります。

カロミルはしっかりとしたデータ管理を行いたい人向けのサービスで、カロリーだけではなく食事の塩分、タンパク質、食物繊維などといった情報を、膨大な食事のデータベースから入力できます。

食事の写真を撮影すると、機械学習によって献立の推定が行われ、入力を簡易化する機能も開発されており、マニアックな健康管理がしだいに誰にでも可能になっています。

若い人にとっては平均寿命といったものは遠い先のことに思えるかもしれません。こうしたことに注意していたとしても、確率的に病気になることもあるでしょう。

しかし、いつまで健康でいられるか、いつまで生きられるかあらかじめ知ることができないからこそ、健康に関しては最も分のいい賭けをすることを心がけておくことが、あとで大きな意味をもってきます。

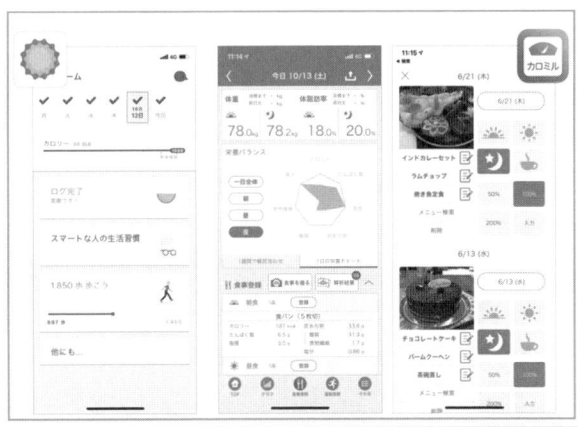

健康アドバイスを提供するNoom（左）と詳細な栄養管理が可能なカロミル（中央、右）

ダークサイドに
おちてはいけない

　知的生活は、自分のあこがれや楽しみを追い求める、ひたすら個人的な生活のありかたです。しかしときとして、そこから道を踏み外してしまう人を見かけることもあります。私がスター・ウォーズの用語をあてて、「ダークサイド」と呼んでいる状態に陥ってしまうのです。

　大きく分けて、ダークサイドに堕ちている人には2種類いるように思われます。一つは、自分の蓄積した知識や経験を誇るあまりに、他の人に対して居丈高になり、自分自身の成長が止まってしまう場合です。

　たしかに知的生活を通してより多くの情報を集め、その分野に対する専門性が身についてくると、そうした自分に対する自尊心が高まってきます。それ自体は、なにもおかしいことではありません。

　ただし注意しなければいけないのは、専門性とは徒競走のように一人しか勝者がいないレースではありませんし、現実の山のように一人が狭い山頂に立っていると他の人が立てないようなものでもないという点です。

　科学の世界では専門化が非常に進んでいるため、同じテーマを、同じアプローチで研究している人はめったにいません。多少視野を広げても、周辺テーマを扱っている人は世界中で数人、多くても十数人しかいないという状態がふつうです。

　誰もが自分自身の山の頂点を目指している状態こそが専門性の高さなのだと理解すると、自分のことばかりを誇るのはいささかこっけいだということが見えてきます。

　『新約聖書』に私の好きな言葉があります。「イエスは言われた。『見えなかったのであれば、罪はなかったであろう。しかし、いま、『見える』とあなたたちは言っている。だから、あなたたちの罪は残る」

　私も、一人のなにも見えていない人として「私には見えている」と言

い張るのではなく、せいぜい「私からはこう見えているが、あなたからはどうか」と言えるようにしたいと常に思っています。それが、知的に誠実な態度だからです。

性急さを退ける

もう一つの落とし穴は、知的生活の収穫を性急に求めすぎることです。

性急にお金儲けへと走ったり、専門家として注目を集めようとSNSでなにかしらの教祖のように振る舞ったりといった様子をときどき目にしますが、それが短期的には注目につながっても、5年、10年というスケールで長持ちしたケースはあまり見かけません。

私が見るところ、こうした振る舞いは自信のなさが裏返り、やってくるかどうかわからない成功や収穫を待つことができない気短さが原因になっていることがほとんどのようです。

そもそもダークサイドという言葉が出てくるスター・ウォーズの作中で、ジェダイ・マスターのヨーダがこんな言葉を語っています。

「恐れこそはダークサイドへの道だ。恐れは怒りに、怒りは憎しみに、憎しみは苦悩につながる。おぬしのなかには、大いなる恐れがみえるぞ」

いまの時代、恐れを感じていない人がいるでしょうか？　将来がどうなるのか、自分のささやかな知的生活がどのような未来につながるのか、それともどこにもつながらないのか、不安でない人は一人もいないでしょう。

しかしだからこそ、自分の小さな積み上げから歩き出すことがなによりも重要になります。地道な知的積み上げを続けてゆくうちに、心のなかには小さな自負が生まれます。それがやがて大きな生きがいになり、仲間の輪をゆっくりと広げてゆくうちに、ダークサイドへの誘惑は退けられるようになります。

どうかあなたの知的生活がそうした誘惑から守られるように、私は祈っています。

サバティカルを
もつということ

ときには忙しい生活から休みをとる必要があります。仕事からも、そして知的生活そのものからも。

欧米の大学や研究所においては、聖書のサバス、すなわち安息日から名付けられたサバティカル制度が古くから存在し、もし選ばれたならば数カ月から長くて1年間ほどキャリアを離れることができます。

サバティカルは厳密にいうと休みではなく、多くの場合は書籍を完成したり、調査の長期旅行をしたりするために利用されます。授業などの義務が免除されているので、ふだんどおりにオフィスに来て、自身の研究を総括する教科書を執筆している教授などもいます。

日本でもようやく企業によってはこうした制度を取り入れようという動きがありますが、現時点では意識的に長期休暇を利用するといった形でしか休みをとれない人がほとんどでしょう。

しかしここで提案したいのは、知的生活におけるサバティカルです。

たとえば何年も同じ知的活動をしていると、ときとしてその習慣のループのなかでしか思考ができなくなっていることがあります。毎日の情報収集とブログの執筆、週に一度のメルマガ執筆などといったように、非常に高い生産性を維持していた人が、あるとき燃え尽きたように更新をやめてしまうという例があまりに多いのです。

日本のブログ界ではアジャイルメディア・ネットワーク株式会社が2004年から2011年まで主催していたアルファブロガー・アワードという賞がありました。個性的なブログが数多く選別されていたものの、いまそれを振り返ると現在も更新しているか、活動の場所を変えて更新しているものは半数もありません。

閉鎖の理由は様々でしょうけれども、ワンパターンな更新が燃え尽きにつながったケースや、時代が変わったためにそのテーマで更新することに意味を見出せなくなったケースなどもあるはずです。

そこで、あえて忙しい活動に区切りを入れて、別の発信手段を模索してみる期間や、異なるテーマを追ってみる期間を入れることで、ゆるやかに次の持続を探してゆくことが可能になります。

　たとえばこれまでの発信方法で効果が鈍りはじめているならば、動画や音声メディアのように別の手段を数カ月試してみるといったことでもいいでしょう。自分のなかに長い休みや、進路を変える自由を残しておくことが、より長期の活動をラクにしてくれる可能性があります。

 ## スマートフォンからの休息をたまにもつ

　こうしたサバティカル期間をもつときに特に意識したいのがデジタルメディアとの付き合い方の再検討です。

　マイケル・ハリス氏は “The End of Absence” のなかで、いま私たちの社会がネットやスマートフォンの発展によって受けている変化は単に情報量が増えたということにとどまらない「不在という状態そのものが消失すること」だと述べています。

　ほんの少し前ならば、ふと生まれた空白の時間はあてもない空想や、内面とのそれとない対話の瞬間でした。それがいまでは、スマートフォンを取り出し、情報を調べ、友人にメッセージを送るといった、目的をもった別の時間に置き換えることがあまりに簡単になってしまったのです。

　私たちの書斎がアナログな紙の本と電子書籍が混在したハイブリッドな場所であるのと同じように、まだ私たちはスマートフォンのない、よりゆるやかな情報の流れを意識できる段階にあります。

　たとえば、1週間スマートフォンを使わずに過ごしてみましょう。インターネットから1週間離れてみましょう。異なる情報の流れのなかに身をおくことによって、自分の知的生活の情報のバランスを客観視できるようになります。

　性急な情報のインプットにかけている時間が、よりゆるやかな知的インプットにかけている時間とバランスがとれているかを、定期的に見積もってみることが必要です。

常にアマチュアで あることを目指す

　比較文化論の名著である『オリエンタリズム』（平凡社）の著者であるエドワード・サイード氏には『知識人とは何か』（平凡社）という、講演をもとにした好著があります。知識人というと、それこそ大学や研究所の象牙の塔のなかから難しい理論を述べている人を想像しますが、キリスト教徒のパレスチナ人として生まれたサイード氏は現実の中東問題に身をもって参加する活動家でもありました。

　そんなサイード氏は、知識人とは常に亡命者のように主流派から遠ざかった周辺の存在のように振る舞うべきだと強く主張します。誰かがたとえば「ふつうの人は〇〇すべき」と、常識を盾にしてなにかを主張したならば、最もふつうではない、ふつうという言葉に傷つけられる人の立場からそれを吟味すべきだという視点です。

　そうした視点のことを、サイード氏はアマチュア的だとも述べています。象牙の塔の専門家としての立場ではなく、現場主義のアマチュアとして発言せよという、彼なりの思想です。

「読んだ本に価値はない」という最前線

　この考え方は、非常に実際的でもあります。知的な積み上げが深まり、情報が増えれば増えるほど、逆に知らないことは増えていきます。誰よりもそのテーマに詳しくなったと思ったその最前線において、私たちは逆に最も無知なアマチュアになってしまいます。

　ナシーム・ニコラス・タレブ氏はその有名な『ブラック・スワン』で、記号学者であり小説家でもあったウンベルト・エーコ氏の巨大な書斎をひきあいにして「多くの人は『ここにある本を全部読んだのですか？』と聞くが、賢明な少数はそれがエゴを満たすためのものではなく、研究の道具であることを知っている。読んだ本は読まれていない本に比

べてはるかに価値が低いのだ」と述べています。

　読んだ本に価値はなく、読まれていない本にこそ価値があるというこの言葉は、一瞬逆ではないかと不安になるものの、よく考えるとなるほどそのとおりだと頷けます。私たちは決してすべての本を読むことはできませんし、世界中にある音楽も映画も網羅し尽くすことはできません。どんなに究めてもその外がわにはさらに大きな探求すべき情報が広がっていて、私たちに誘いかけてきます。

　自分の無力さにあきれつつも駆け出しの頃の素直さで「自分はなにも知らないな」とアマチュアの気持ちで次の一歩を踏み出せる場所。それこそが知的生活の最前線であり、私たちが日々の情報との戦いのなかでできるだけ長くとどまりたい場所なのです。

■コラム:自分にしか見つけられない「積み上げ」を目指す

アメリカのNational Public Radioに「誰もがほとんどすべてのことを見逃してしまうという悲しくも美しい事実」という記事が掲載されていたことがあります。

この記事ではたとえば15歳で年間に100冊の本を読もうと決意した子どもが80歳までその決意を貫いたとしてもせいぜい6500冊しか読めないことを念頭に、たとえば近代の250年分の本だけを選ぶとしても歴史上の1年からそれぞれ20冊程度しか選べないという計算を紹介しています。ましてや現在の日本では年間で7万冊ほどの書籍が発行されるわけで、私たちはそのほとんどを見逃す運命にあります。

このことは、私たちの人生の時間の短さへの悲しさを呼び起こしますが、一方で私たちが積み上げられるものに対する謙遜の気持ちも呼び起こします。

私たちの知的な積み上げは砂漠のなかの一粒の砂に過ぎないかもしれませんが、それでも私たちが選びだした、奇跡の一粒ともいえるのです。だからこそ、知識の量そのものではなく、自分自身にしか見つけられない知的積み上げを目指すのです。

周回遅れで
ビッグウェーブに乗ること

　知的な情報収集と情報発信は両輪です。しかし、情報の収集や積み上げは地道に行うのに対して、発信する話題には鮮度の問題があります。

　昔、iPhoneについての書籍を執筆した際に、その本のテーマを「iPhoneはクラウドに向かって開いた扉である」にしたことがあります。iPhoneについては日本に上陸する前から情報を集めていましたのでそれを中心に話題を集め、当時注目されはじめていたクラウドサービスの話題とつないだわけです。過去と、ほんの少しだけ未来に向かって置かれた点と点をつなぐことができたおかげで、この本は好評をもって迎えられました。

　このように、ふだんの情報収集はどうしても過去の話題やすでに起こってしまったものが中心になりますが、それを使って少しだけ次に起こることを予想し、見えはじめたばかりのつながりを意識した発信をすることで話題の波に乗ることができるのです。

　伝説的なホッケー選手のウェイン・グレツキーの父ウォルターは、その息子たちに「パックがある場所を追っても意味はない。それが向かう場所へと行くのだ」と教えたと言われています。未来を完全に予測するのは無理でも、敵選手の動きを見ていればパックが向かう先がわかるように、つながりを元に半歩だけ未来を予想して発信することは可能なのです。

世界は8〜10年でループしている

　情報の先まわりをするために、あえて周回遅れを狙うという方法もあります。

　「天の下に新しいものなし」というのは聖書の箴言ですが、まさに新

しくみえるものが、実は過去にやってきたものがほんの少し変わっただけの、ゆるやかなループであることはよくあります。

ボーカロイドの初音ミクが誕生したのが2007年ですが、そのちょうど11年後にバーチャル・ユーチューバー（VTuber）が人気を集めているのはとても象徴的です。ポッドキャストが生まれたのは2005年ですが、2014年にアップルがCarPlayをリリースした前後から人気がリバイバルし、二度目にやってきたブームはいまも継続中です。YouTubeでゲーム実況を細々とやっていた人々は2005年の当初からいましたが、2011年に設立されたTwitchなどのサービスが注目されるにつれ、いまやゲーム実況は巨大なジャンルに成長しています。

多少の前後はありますし、同じメディアではない可能性もありますが、**過去の情報やスキルを応用できる流行のループはおよそ8〜10年で繰り返す傾向があります。**

常に最前線にいるのは難しいのですが、世界の至るところにループがあることを意識してみていれば、次の波が始まる兆候をいち早く見つけることはできます。ツイッターの先になにがあるのか？　Googleの先になにがあるのか？　スマートフォンの先は？　という具合に、変化を期待して待ち構えるのです。

地道に続けている情報発信のスキル、たとえば音声編集や動画編集やプログラミングといったものは、次のビッグウェーブに乗るためにも応用可能です。まったくのゼロから始まる波はないからです。

新しいムーブメントを起こすことができる才能は稀です。そして流行をあとから追っているだけの人はムーブメントを最初に起こすこともできずに右往左往するだけです。

しかし気を長くして波を待っていた人にとっては、その風景は"二度目、三度目にやってくるもの"です。それまで知識とスキルをためていた人が、次のループで勇躍して最前線に躍り出るということも、これまで何度となく繰り返されたパターンなのです。

知的生活で
10年後の人生を
設計する

10年前、みなさんは何をしていたでしょうか。そして10年後、みなさんは何をしているでしょうか。

10年という時間は、世界を一変させるスケールです。歴史が変わり、国境線が描き換えられ、想像を超える新しい技術が生まれ、生活を変える新しい仕組みが世の中に浸透し、世代が代わり、子どもは大人になって、若者は壮年になり、なじみのあった人々が気づけば消えているほどの時間です。

10年後にみなさんは何歳でしょうか。運に恵まれて10年後もいまと同じように生活しているなら、みなさんはどのような場所にいて、誰とともに、何をしたいと望んでいますか。

これは難しい質問ですが、ここまで本書を追い、長い目でみた知的生活の習慣を意識できるようになっているならば、イメージできない質問ではないはずです。それは今日も実践している生活の習慣のうち、何を10年後も続けていたいかという質問です。

日常を人生に変える

いま、本を読んで新しい発見を楽しんでいる人ならば、10年後もおそらくはそれを続けているでしょう。映画が好きな人は、きっと10年後も映画に夢中に違いありません。いま絵や詩などといった作品を作っている人も、おそらくなんらかの形で、なにかを生み出す生活を続けているはずです。

それを単なる一過性の知的消費に終わらせないために、なんらかの知的積み上げをすることを選んだ人は、その10年で膨大な蓄積を獲得しているでしょう。

本を1日に80ページ読む人はおよそ30万ページとの出会いのなか

から、他のだれも意識したことがないつながりや発見を見出している
かもしれません。映画や音楽を楽しむ人ならば、数千の作品やアルバ
ムをくぐりぬけて確固たる審美眼を養っている頃でしょう。

　週に2回ブログ記事を書いている人は1000記事ほどのアーカイブ
を生み出していますし、週に一度動画やポッドキャストを制作している
人でも500回以上のエピソードに達しているはずです。

　こうした積み上げは、なにも瞬間的に生まれるのではなく、その日
その日に、そのときの興味に従って知的生活の積み上げを行った先
に、結果的に生まれているものです。知的生活の習慣とは、日常の
興味と楽しみを、人生の宝にするプロセスなのです。

パーマネントスキルと、アダプティブスキル

　こうした日々の生活のすえにみなさんには2種類のスキルが蓄えられ
ているはずです。一つは技術がどのように発展しても、世界の常識が
変わったとしても通用する「**パーマネントスキル**」です。

　これは執筆能力や、情報を選別する能力、あるいはロジカルに思
考する能力や、膨大な経験からやってくる一般的な知識といった、ど
こにでも応用可能なスキルです。

　こうしたパーマネントスキルを意識することは、次の10年でどんな新
しい技術が、新しい流行がやってきてもそれに対応できる自信を身に
つけることでもあります。取材能力や執筆能力は題材を選ばずに使え
ることがほとんどですし、あるジャンルの知識は次のジャンルにも応用
可能でしょう。

　実は私がブログを膨大に書きはじめたのも、当初はそれ自体が目
的だったというよりも、大量の文章を書くことによってどんな話題がき
ても対応できる執筆能力を身につけることが真の目的でした。知的生
活の習慣は時間をかけるものがほとんどですので、そうしたパーマネ
ントスキルの扉を開くきっかけになるものがあふれています。

　もう一つのスキルは、時代とともに技術や流行が変化したとしても

適用させることが可能な「**アダプティブスキル**」です。たとえば動画編集の技能が10年経ってもおそらく基本は不変で、プログラミング言語の人気が変わったとしてもコーディングの基本は変わらないといったように、時代にあわせていくらでも学びなおして利用することができるスキルです。

　たとえばプログラミングについては、いくつかの言語を学んでみると、すぐにほとんどの知識が応用可能だということに気づくはずです。変数の定義の仕方、条件分岐、ループの構築の仕方といった基本と、オブジェクト指向的な考え方の表現方法、APIの呼び出し方といった実践的な知識を押さえれば、たいていのプログラミング言語については基礎知識を得られるはずです。似たように、知的生活で実践してきたスキルのほとんどは10年後も適応させて利用可能でしょう。

　未来に対して不安を抱く人のなかには、長期的なキャリアを守るためにどのような手を打てばいいのかわからなくなったすえ、その場その場の流行に流される人がいます。いまはクラウドだといえば、次はAIだと言いだし、その場その場のバズワードに乗り換えるだけで、具体的な積み上げができないまま時間ばかりが経ってしまう、そんな失敗を身近で見たり、体験したりした人もいるでしょう。
　「パーマネントスキル」と「アダプティブスキル」は、10年経っても繰り返すことができる、ねじ回しや金槌ほどに基本的な、それゆえに必要性が決してなくならないスキルです。知的生活を長く続けることは、こうした頑強な才能を自分のなかに開拓してゆくことでもあるのです。

10年後から、生涯へ

　こうしたスキルに、みなさんが自分自身というフィルターを通して得た情報の蓄積をかけ合わせれば、世界でそれを提供できるのはたった一人しかいない、あなただけの世界観が構築できます。
　10年後に、世界がどうなっているかはわかりません。社会が激変していることは間違いないでしょうし、いまは使い方すら想像がおよば

ない機器を操作している可能性も十分にあります。

　しかしおそらく本書を読んだみなさんは、いまと同じように10年後も、日々の興味や楽しみを胸に知的生活を営んでいることでしょう。この10年の戦略を武器にして、さらにその次の10年を目指して、日々の生活の積み上げを生涯のそれにするべく、歩んでいるはずです。

　知的生活の設計とは、1年後、3年後、5年後、10年後、そしてやがて人生そのものになってゆく日々の生活のカタチを、今日この日から歩みはじめることだからです。

知的なあこがれを伝えてゆく

　ここまで『知的生活の設計』をお読みいただき、ありがとうございます。

　本書は独立した本として読むことも可能ですが、前著『ライフハック大全』でご紹介した「5分で実践可能」なライフハックから、「10年先を見据えていまの生活と行動を設計してゆく」という考え方に至るまでの、大きな流れとして見ることもできます。

　本書はその考え方の原点として、多くを渡部昇一氏の『知的生活の方法』や梅棹忠夫氏の『知的生産の技術』といった過去の名著に負っています。これらの本の価値はいまも変わりませんが、ネットの活用や情報発信がラクになった現在の実情に即して、今の読者に「新しい知的生活」の形をお届けするのが目標でした。

　知的生活についてのテクニックや考え方は本書で示したものがすべてではありません。広範なテーマを網羅するために、一つひとつの話題については入門的にまとめていますので、情報カードの使い方であれ、知的積み上げを整理するための書斎のスタイルであれ、それぞれがまた一冊の本を書けるほどに奥深いものです。

　私はここで体系化されたなにかを示すよりも、むしろ『知的生産の技術』において梅棹忠夫氏がそうであったように、みなさんのなかにある知的生活への情熱を煽り、生活を設計するきっかけとなる刺激を与えることを目的にしています。ここに紹介したテクニックや考え方が、一人ひとりが試行錯誤して独自の知的生活を設計するためのヒントになったなら、著者として望外の喜びです。

知的生活をだれかに伝える

　著者として最後にお伝えしたいのは、「情報発信が贈り物である」

とご紹介したのと同じように、知的生活もまた贈り物になりうるという点です。

　私にとって、父の書斎は子どもの頃からあこがれでした。居間に並んだ本棚には戦後間もない時代の学生が耽溺したであろう政治学や社会学の文庫本、人生をみすえた哲学書や海外文学が丁寧にカバーをつけられて並んでおり、手の届かない高さの棚には当時は名前の読み方がわからなかった和辻哲郎の全集や、限定部数で発行された貴重な日本書荘版『カレワラ』も並んでいました。

　私の知的な積み上げがいつ始まったのかを振り返ると、私は父の本棚を思い出さずにはいられません。いつかこれらの本を読みたいというあこがれのなかに、私がいつかたどることになる道のりはすでに始まっていたのです。

　ある人の知的生活は、別の誰かのなかに、それに対するあこがれを引き起こす力をもっています。本や情報を追い求める生き方であれ、書斎に集めたコレクションであれ、魅力的な情報発信であれ、あなたの知的生活は見る目を持ち、耳を傾ける人に伝染するのです。

　みなさんの個人的な興味によって築かれる知的生活が実り多いものであることをお祈りするとともに、それが本書をまだ手に取っていない誰かの中にも、そうした生き方へのあこがれを伝えるものでありますようにと、著者として願っております。

　本書の執筆にあたっては、ブログ「R-style」の倉下忠憲さんに、執筆の初期の段階で構成について助言をいただきました。またブログLifehacking.jpを読んでくれている読者のみなさん、ツイッターでアドバイスをくださるフォロワーのみなさんからも様々なエールをいただきました。著者として、深く感謝しております。

　そして本書を読んでくださったみなさんにも、進む道はたとえそれぞれ別々でも、知的積み上げの先でまた出会えることを信じています。

　Happy Lifehacking!

ブログLifehacking.jp管理人

堀 正岳（@mehori）

参考文献

- いしたにまさき『あたらしい書斎』インプレスジャパン
- 井上光晴『小説の書き方』新潮社
- 梅棹忠夫『知的生産の技術』岩波新書
- 鴨長明『方丈記』岩波文庫
- 紀田順一郎『書斎生活術』Futaba books
- 木村泉『ワープロ作文技術』岩波新書
- 倉下忠憲『Scrapbox情報整理術』シーアンドアール研究所
- ハインリヒ・シュリーマン『古代への情熱』岩波文庫
- 松岡正剛『多読術』ちくまプリマー新書
- ミシェル・ド・モンテーニュ『エセー』岩波書店
- 村上春樹『ノルウェイの森』講談社文庫
- 渡部昇一『知的生活の方法』講談社現代新書
- 渡部昇一『知的生活の方法＜続＞』講談社現代新書
- Anne Lamott "Bird by Bird: Some Instructions on Writing and Life"（邦訳：アン・ラモット『ひとつずつ、ひとつずつ』パンローリング）
- Antonin-Gilbert Sertillanges, O.P., "The Intellectual Life: Its Spirit, Conditions, Methods"
- Chris Guillebeau "Side Hustle: From Idea to Income in 27 Days"
- Clay Shirky "Here Comes Everybody: The Power of Organizing Without Organizations"（邦訳：クレイ・シャーキー『みんな集まれ! ネットワークが世界を動かす』）
- Dana Spiotta "Stone Arabia"
- David Bayles and Ted Orland, "Art & Fear: Observations on the Perils (and Rewards) of Artmaking"（邦訳：デイビッド・ベイルズ、テッド・オーランド『アーティストのためのハンドブック』フィルムアート社）
- Edward W. Said "Representations of the Intellectual"（邦訳：エドワード・サイード『知識人とは何か』平凡社ライブラリー）

- Malcolm Gladwell "Outliers"（邦訳：『天才！　成功する人々の法則』講談社）
- Mason Currey "Daily Rituals: How Artists Work"（邦訳：メイソン・カリー『天才たちの日課 クリエイティブな人々の必ずしもクリエイティブでない日々』フィルムアート社）
- Michael Harris "The End of Absence"（邦訳：マイケル・ハリス『オンライン・バカ──常時接続の世界がわたしたちにしていること』青土社）
- Nassim Nicholas Taleb "The Black Swan: The Impact of the Highly Improbable"（邦訳：ナシーム・ニコラス・タレブ『ブラック・スワン──不確実性とリスクの本質』ダイヤモンド社）
- Paul Adams "Grouped: How small groups of friends are the key to influence on the social web"（邦訳：ポール・アダムス『ウェブはグループで進化する』日経BP社）
- Philip Gilbert Hamerton "Human Intercourse"（フィリップ・ギルバート・ハマトン『知的人間関係』講談社）
- Philip Gilbert Hamerton "The Intellectual Life"（邦訳：フィリップ・ギルバート・ハマトン『知的生活』講談社学術文庫）
- Robin Sloan "Mr. Penumbra's 24-Hour Bookstore"（邦訳：ロビン・スローン『ペナンブラ氏の24時間書店』東京創元社）
- Umberto Eco "Come si fa una tesi di laurea"（邦訳：ウンベルト・エーコ『論文作法──調査・研究・執筆の技術と手順』而立書房）
- Virginia Woolf "A Room of One's Own"（邦訳：ヴァージニア・ウルフ『自分ひとりの部屋』平凡社ライブラリー）

堀 正岳（ほり　まさたけ）
研究者・ブロガー。北極における気候変動を研究するかたわら、ライフハック、IT、文具などをテーマとしたブログ「Lifehacking.jp」を運営。知的生産、仕事術、ソーシャルメディアなどについて著書多数。理学博士。
おもな著書に『ライフハック大全———人生と仕事を変える小さな習慣250』（KADOKAWA）がある。

知的生活の設計———「10年後の自分」を支える83の戦略

2018年11月24日　初版発行

著者／堀　正岳

発行者／川金　正法

発行／株式会社KADOKAWA
〒102-8177　東京都千代田区富士見2-13-3
電話　0570-002-301(ナビダイヤル)

印刷所／図書印刷株式会社

KADOKAWAカスタマーサポート
［電話］0570-002-301（土日祝日を除く11時〜13時、14時〜17時）
［WEB］https://www.kadokawa.co.jp/（「お問い合わせ」へお進みください）
※製造不良品につきましては上記窓口にて承ります。
※記述・収録内容を超えるご質問にはお答えできない場合があります。
※サポートは日本国内に限らせていただきます。

定価はカバーに表示してあります。